メルロ＝ポンティ　触発する思想

加賀野井秀一

白水社

メルロ＝ポンティ　触発する思想

目　次

メルロ＝ポンティ引用著書目録

『知覚の本性―初期論文集』 加賀野井秀一編・訳，法政大学出版局，一九八八年

『行動の構造』 滝浦静雄・木田元訳，みすず書房，一九六四年

『知覚の現象学』1 竹内芳郎・小木貞孝訳，みすず書房，一九六七年

『知覚の現象学』2 竹内芳郎・木田元・宮本忠雄訳，みすず書房，一九七四年

『意味と無意味』 滝浦静雄・粟津則雄・木田元・海老坂武訳，みすず書房，一九八三年

『ヒューマニズムとテロル』 合田正人訳，みすず書房，二〇〇二年

『弁証法の冒険』 滝浦静雄・木田元・田島節夫・市川浩訳，みすず書房，一九七二年

『サルトル／メルロ＝ポンティ往復書簡』 菅野盾樹訳，みすず書房，二〇〇〇年

『意識と言語の獲得』 木田元・鯨岡峻訳，みすず書房，一九九三年

『言語と自然』 滝浦静雄・木田元訳，みすず書房，一九七九年

『世界の散文』 滝浦静雄・木田元訳，みすず書房，一九七九年

『シーニュ』1 竹内芳郎・粟津則雄・海老坂武・滝浦静雄・木田元訳，みすず書房，一九六九年

『シーニュ』2 竹内芳郎・木田元・滝浦静雄・佐々木宗雄・二宮敬・朝比奈誼・海老坂武訳，みすず書房，一九七〇年

『眼と精神』 滝浦静雄・木田元訳，みすず書房，一九六六年

『見えるものと見えないもの』 滝浦静雄・木田元訳，みすず書房，一九八九年

『フッサール『幾何学の起源』講義』 伊藤泰雄・本郷均・加賀野井秀一訳，法政大学出版局，二〇〇五年

序

メルロ＝ポンティの魅力

私はこれから、まるまる一冊の書物を費やして一人の哲学者を論じようとしている。その名はモーリス・メルロ＝ポンティ。だが、なぜ。そして、彼のどこに一書を費やすほどの魅力があるのだろうか。

たしかに彼は、現象学、実存主義、構造主義に、それぞれ絶大なる影響を及ぼしてきた。あるいはまた、知覚論、身体論、存在論、さらには言語論や絵画論にまでも、画期的な発想をもたらしている。しかし、それだけでは、まだまだ彼のモノグラフィーを書く理由とはなりえない。そこには何か、もっと深く、もっと根本的なインパクトがなければならないはずである。

ふり返ってみれば、私は高校時代から今日まで、もうかれこれ四〇年近くもメルロ＝ポンティとつき合っている。もちろん、日々、彼を読み続けるなどという離れ業ができるわけもなく、書棚の奥に本をしまい込んだまま一年も二年も放っておいたり、その間、ソシュールやデリダやドゥルーズにうつつを抜かしてみたり、さまざまに放蕩三昧も続けてきた。しかし、どういうわけか、時をへだててふと気がつくと、私はいつも彼の著作の幾ページかをパラパラとめくっているのである。なぜだろうか。

私のように軽薄で移り気な人間が、いやしくも一人の人物の作品にそこまで入れあげるということは、生半（なまなか）なことではない。どこかに彼の圧倒的な魅力の源泉ともいうべきものがあり、その魅力が作品のすみずみにまで漲っているのでなければ、私ごときが、これほどにも地味で、これほどにも難解な書物を読み継ぐはずはないだろう。ましてや、その人物の全体像を一冊の書物にまとめ上げようなどと、酔狂な考えを起こすこともありえまい。

では、メルロ＝ポンティの魅力の源泉とは何なのか。この問いに答えるのは難しい。なにしろ彼の魅力は、彼自身の論文の表題を借りるならば「どこにもあり、どこにもない（パルトゥ・エ・ニュルパール）」のだから。それは、彼の語る言葉の端々にも、絵画を一瞥する視線の隅々にも、論じる思想の数々にも、まぎれもなく潜んではいるものの、名指そうとすれば逃げてしまう。私はいつも、この源泉をつきとめようとするのだが、そうすればするほど、いたずらに周辺をぐるぐる回っているばかりの自分自身に気づかざるをえないのである。何なら、このあたりの事情については、あの有名なベルクソンの一節を思い出していただくのもよろしかろう。

> この点には、何か単純なものが、無限に単純なものが、あまりにも桁はずれに単純であるために当の哲学者がそれを言うことに決して成功しなかったものがあります。そしてそのために

彼は一生涯語りつづけたわけであります。(1)

もとより、私の感想など、ベルクソンに仮託するもおこがましいが、それでもこの語り尽くせぬもどかしさだけは、まぎれもない事実である。ひょっとすると私は、この四〇年間、メルロ＝ポンティの中心にあるこうした「無限に単純なもの」をめぐって堂々巡りをくり返し、それをしも「魅力」と呼びながら、ついに彼の哲学の核心に辿りつけないでいるのかもしれないのだ。このままではいけない。もう一度、真剣にメルロ＝ポンティと向き合わねばならない。そう思って、私はこの書にとりかかった。

森有正氏との出会い

もう三〇年以上も昔になるだろうか。とある昼下がり、私は、三鷹のＩＣＵキャンパスで森有正

(1) ベルクソン『思想と動くもの』矢内原伊作訳　白水社　一三七ページ

さんのオルガン演奏を聴き、帰路、タクシーに同乗させていただいたことがある。この時、私の内では、にわかに悪癖が鎌首をもたげ、当時、誰彼の見さかいなく発していた質問をせずにはいられなくなった。

「森先生、メルロ＝ポンティのこと、どう思われます?」

すると森さんは破顔一笑。

「いいですね、あの人のものは…。あの人のものは、何と言うか、こう、私たちの心を開いてくれる…。」

そんな答えが返ってきたのだ。これが私にとっては、その笑顔とともに、森さんとの最良にしてただ一度の思い出となっている。

「私はこうしたささいな事柄を思い出すのが好きだ。それらは何も証明しないのだが、人生のひとこまではあるからだ(2)」と独りごちて、ああこれもまたメルロの語り口だったな、と、我ながら苦笑してしまう。もちろん、このような「人生のひとこま」は何も証明しはしないのだが、私たちの記憶のどこかに引っ掛かったまま、つねに木霊を響かせ続けるものではある。「あの人のものは、私たちの心を開いてくれる…」、森さんのこの言葉によって、私たちはメルロ＝ポンティの魅力の源泉を、まずはおおざっぱに包囲しておくことができるだろう。

たしかに、メルロ＝ポンティの哲学には、デカルトのそれのような強引さはないし、カントのようなくどくどしさもない。ヘーゲルのように大仰でもなければ、ハイデガーのように押しつけがましくもない。私たちを伸びやかに解放しながらも、何かある包括的な思惟へと誘（いざな）う不思議な力をもっているのである。

たとえば、主著『知覚の現象学』の冒頭部分で、ウィーン学派の思考を批判し、そこからフッサールの説く「事物そのものへ（ツー・デン・ザッヘン・ゼルプスト）」たち帰ろうとするような時にも、彼は、きわめて抽象的な議論を進めながら、同時に、読者をその幼年時代へと誘い、具体的な世界の只中に解き放ちながら説得してしまうのだ。

> 事物そのものへとたち帰るとは、認識がいつもそれについて語っているあの認識以前の世界へとたち帰ることであって、一切の科学的規定は、この世界にたいしては抽象的・記号的・従属的でしかなく、それはあたかも、森とか草原とか川とかがどういうものであるかをわれわれにはじめて教えてくれた風景にたいして、地理学がそうであるのとおなじことである。(3)

これだけでは分かりにくいかもしれないが、「森とか草原とか川とかがどういうものであるか」というくだりなど、「ce que c'est qu'une forêt, une prairie ou une rivière（ス ク セ キュヌ フォレ ユヌ プレリー ウ ユヌ リヴィエール）」というフランス語を発す

(2)『シーニュ』1　三七〜三八ページ
(3)『知覚の現象学』1　四ページ

るだけで、この言葉を解する人々の目には、そのえも言われぬ響きとともに、幼少期に駆け回ったあの田園風景が彷彿とするのである。

あるいはまた、同書の末尾で、人間の自由についての哲学的な思索をしめくくろうとする際にも、彼はお気に入りのサン＝テグジュペリの一節を引用しながら、抽象的な議論を、一気に具体的な人生へと結びつけてしまう。

「君の息子が炎に包まれていたら、君は彼を救け出すことだろう……もし障碍物があったら、肩で体当りをするために君は君の肩を売りとばすだろう。君は君の行為そのもののうちに宿っているのだ。君の行為、それが君なのだ……君は自分を身代りにする……君というものの意味が、まばゆいほど現われてくるのだ。それは君の義務であり、君の憎しみであり、君の愛であり、君の誠実さであり、君の発明なのだ……人間というのはさまざまな絆の結節点にすぎない。人間にとっては絆だけが重要なのだ。」（『戦う操縦士』）

こんなぐあいに、メルロの言説は、いつも具体的な世界のただなかに置かれ、当の言説の外部へと大きく開かれているのである。とりたてて言語のコノテーションや多元決定性（シュルデテルミナシオン）など論じる必要もない。ただ易々と、易々と、解き放たれているばかりなのだ。おのぞみとあれば、彼のことを、作家や詩人になぞらえてみるのもいい。そうすることは、現象学に対し「それはバルザックの作品、プルーストの作品、ヴァレリーの作品、あるいはセザンヌの作品とおなじように、不断の辛苦である(4)」と言ってのけた彼に、最大級のオマージュをささげることでもあるだろう。

ニーチェvs「妻帯した哲学者」

それにしても、なぜメルロ＝ポンティの哲学は、これほどまでに世界の香りを満載しているのか。そこには何か、彼自身の「人間的な、あまりにも人間的な」実生活でも反映されているのだろうか……と、そんなことを考えながら、ふと思い起こせば、メルロ自身、かつてニーチェをひきあいに出しながら「哲学的人生」について語っていたことがあった。インタヴュアーはマドレーヌ・シャプサル。彼女はそこで、「はたして哲学者は、他の人々とまったく同じ人種なのでしょうか」と問い、当時、五二歳になる哲学者は、こう答えていたのである。

(4)『知覚の現象学』1　二五ページ

哲学的人生が別種の人生であり、哲学者が別種の人間だなどと言おうとしたことも、言ったことも一度だってありませんよ。ニーチェは、妻帯した哲学者なんぞは寄席の芸人であり、哲学者であって、しかも世俗的生活に参加することはできないと考えていました。私が言いたかったのは、絶対にそんなことではありません。［…］哲学者は作家のように内面的生活の中に腰をすえる権利を持っていません。彼が考えようと主張するのは、万人の世界です。アナーキストだった哲学者は非常に数が少ない。彼らはほとんど皆、国家や権力が必要なことを認めていますし、そこから手を引いたりはしません。それでいて神話にも同意しません。するとしてもそれが神話であることを警告します。そこに彼らの居心地の悪さがあるのです。［…］彼自身は、作家とか学者のように、とても注意深くて、しかもとても単純な視線にすぎません。(5)

哲学者は、作家や学者と同様、もっぱら注意深くて単純な「視線」にすぎない。そう言い切るメルロ＝ポンティにとっては、哲学的人生はおろか、波瀾の人生も、孤高の人生も、とりたてて珍重すべき理由はない。たしかにニーチェは『道徳の系譜学』の中で、結婚など「喜劇に属する」と揶揄していたが、これは彼特有のご愛嬌。その発言自体が、実はニーチェ自身の、下級生の姉に対する初恋や、女優ヘートヴィヒ・ラーベへのあこがれや、ルー・ザロメやコジマ・ヴァグナーへの横恋慕を戯画化したようなものであったことは言うまでもあるまい。一八七〇年代には、彼もかなり真剣に結婚生活を夢見ていたのである。つまるところ、だれも「世俗的生活」をまぬがれるわけにはいかないし、たとえまぬがれようとしても、その行為こそが、また一つの「世俗的生活」を物語ることになるだけだろう。だからこそ、哲学者の哲学者たるゆえんは、ひとえに、この生活をどこまで注意深く凝視められるかというところにかかっている、と、そうメルロは考えるのである。
したがって、メルロ＝ポンティの生涯には、常軌を外れた「逸話」はない。いや、あろうとなかろうと、それ自体において意味はない。そうでなければ、なぜ、あれほど退屈な日々をおくったカントなんぞが、あれほどにも根本的な思索に達することができたのか。あるいはまた、なぜ、あれほど波瀾万丈の人生をおくったサド侯爵が、たかだかあの程度の月並みな思索にとどまっていたのか。その理由さえ分かるまい。

作家にしてもまた、その関心の自由さは彼らの感情のはげしさではかれないし、蠟人形から肉欲の世界についての感情をしきりに学ぶようなこともある。人生は一つの領域だけで演じられるものではない。ある領域から隣の領域へとさまざまな反響や、交換がある。しかも、歴史と対決する人がこれまで一度も情熱と対決したことがなかったり、放縦な振舞いをする人がありきたりの考え方をしたり、一見世間なみに暮らしている人の思想が万物を根こそぎにした

(5) マドレーヌ・シャプサル編『作家の声　20世紀文学の証言』朝比奈誼訳　晶文社　一七五ページ

りするのだ。(「エロチシズムについて」[6])

「哲学とは、世界を見ることを学び直すことである」[7]というのは、誰もが知るメルロ＝ポンティの名言だが、あえて言うならば、それはまた「蠟人形から肉欲の世界について学ぶこと」であり、同時にそれを「ある領域から隣の領域へとさまざまに反響させ交換させる」ことでもあるだろう。つまるところ彼の著作においては、「森」や「草原」や「川」が、「地理学」とのはざまで「科学」や「認識」を問い、「戦う操縦士」が、「存在論」とのはざまで「絆の結節点としての人間」を問うのである。

「婦人をダンスに誘うただ一人の哲学者」——ボリス・ヴィアンの証言

では、実際にメルロ＝ポンティの「世俗的生活」はどのようなものであったのか。それを見事に伝えてくれる一つの証言がある。ご紹介しよう。筆者はボリス・ヴィアン。実存主義の流行華やかなりし頃、サン・ジェルマン・デ・プレ地区を中心に、トランペット奏者として、夜の帝王として鳴らしたあの異色の作家である。彼はその著『サン＝ジェルマン＝デ＝プレ案内』(リブロポート)

で諧謔をまじえながらメルロ＝ポンティをこう評していた。

モーリス・メルロ＝ポンティ：実存主義者三人組の一人（他の二人はサルトルとシモーヌ・ド・ボーヴォワール）として、名目上はそうなっていないかもしれないが、実質的に『レ・タン・モデルヌ』誌を取り仕切っている。サン・ジェルマン・デ・プレの至る所に出没し、駄文書きどもの頼りない頭の中で〈実存主義〉の語義が混乱する元を作る。ご婦人をダンスに誘う唯一の哲学者。

高等師範学校の卒業生、哲学教授資格者、非常に頭脳明晰な教授。私はいささか彼に恨みがある。『知覚の現象学』によって頭が割れそうなほどひどい目にあったからだ（私は一七ページで本を投げ出した。さすがの私も頭のスペアは持っていないので）。

そしてこの記述の傍らには、幼い娘の手を引きながらマルセイユの街角を散歩するメルロの写真までが添えられているのである（次頁写真）。

サン・ジェルマン・デ・プレの盛り場に出没し、ジャズを堪能し、婦人をダンスに誘い、娘の手

（6）『シーニュ』1　二四四ページ
（7）『知覚の現象学』1　二四ページ

をひいて散歩する…ニーチェからすれば、これだけでも哲学者にあるまじき行為には違いないが、さらに、メルロ＝ポンティが妻シュザンヌと結ばれる以前にも、ボーヴォワールと親密であったとか、シャンソンの歌姫ジュリエット・グレコの恋人として浮名を流したとか、そんなことが知れようものなら、ワイマールの隠者の心痛やいかばかりであるだろうか…。たしかに、「寄席の芸人」発言に異を唱える哲学者の「世俗的生活」ではある。

とはいえ、私たちが意図しているのは、哲学者の私生活を云々することではない。こうしたメル

⊙───メルロ＝ポンティ，娘の手をひく

ロをめぐるエピソードの一端をご紹介してきたのも、ひとえに、彼の思索において、「世俗的生活」がそのまま哲学へと開かれてゆくあの「結節点」を見極めようとすればこそ。さもなければ、哲学者の私生活をあばきたてることなど、悪趣味以外の何物でもないだろう。

では、この結節点とは何か。それは、譬えて言うならば、手と手をつなぐ娘との接触であり、互いに抱きあうダンス・パートナーとの接触である。いささか象徴的な表現に過ぎるかもしれないが、メルロ＝ポンティの思索は、とりわけこうした「接触」から生じてくる。「森」や「草原」や「川」との接触。家族や友人との接触。「サン＝テグジュペリ」や「バルザック」、「プルースト」や「ヴァレリー」、さらには「セザンヌ」や「ジュリエット・グレコ」との接触。そして、あまたの哲学や周辺諸科学との接触も、またしかりである。メルロは、そうしたさまざまな「接触」のはざまで、自分自身を、まぎれもなく「世界内存在」として実感していたにちがいない。

「世界内属存在」と「触発する思想」

「世界内存在」、それは、あのハイデガーの「イン・デア・ヴェルト・ザイン In-der-welt-sein」を、サルトルが「エートル・ダン・ル・モンド être-dans-le-monde」と訳してフランスに持ち込んだものだが、メルロは、これをさらに一ひねりして、「エートル・オ・モンド être au monde」とする。重要なのは、この「オ au」という前置詞、いやむしろ、そのアマルガム的な要素（au = à + le）にひそむ「ア à」という前置詞である。

「ダン dans」は、何かが「箱の中にある dans une boîte」というふうに使われる前置詞だから、サルトルの世界内存在は、言わば、箱の中にいるようにして、世界の中にいることとなる。これに対して「ア à」は、世界への「所属」をさらに強調しながら、「そこにある」「そこに向かってい る」という二重の意味をも併せ持つ。つまり、メルロ＝ポンティの世界内存在は、のっぴきならぬ形で世界に所属し、世界の只中にあって、なおも世界へと向かい続けることになるだろう。時に「世界内属存在」とも訳されるゆえんである。

メルロ＝ポンティによれば、人間は、もちろん哲学者をも含めて、徹頭徹尾この世界の内に取り込まれており、世界の只中でこそ己を知るのである。いや、あたりまえのことと言うなかれ。いつの世にも、この単純な真理を忘れてしまう困った輩がいて、メルロの努力のかなりの部分は、そうした人々を覚醒させるために費やされたと言っても過言ではないだろう。デカルトの「思うわれ」はどこにいるのか。カントの「統覚（シノプシス）を行使する主観」はどうなのか。彼らはまるで、世界の外にでも位置するかのように、森羅万象を高みから俯瞰しているのではないか。これこそ、メルロの名づける「上空飛行の思想」である。

だが、私たちには、「世俗的生活」をまぬがれることができないのと同じく、世界の外に立つこともできはしない。私たちは故知らず、ある時代に、ある場所におり、ある身体をもって、ある事象に関わっている。特定の文化の中で、特定の言語を用い、特定の伝統を背負って、特定の人間関係に巻き込まれているのである。哲学者とて例外ではありえない。どれほど確固たる出発点を求めようとしても、私たちは、まず、あらゆるものを身に被っているところから出発しなければならず、徐々にそれらを意識化しながら、拒否したり受け容れたりするより他に手はないのだ。「タブラ・ラサ（白紙）」の思想も、「エクス・ニヒロ（無から）」の思想もありはしないし、「方法的懐疑」もまた、ものごころついてから遅まきに始まるしかないだろう。メルロ゠ポンティは、それをこんなふうに表現している。

人は常に、何かを、何かについて、何かに従って、何かによって、何かに対して、何かに逆らって考えるのである。考えるという行為さえも、存在の推力のなかに取り込まれているのだ。私は同じことを同じように数瞬のあいだ考えることはできない。(8)

私たちは、常に何かと接触し、それに触発されて変化する。自由に天がけるような思考でさえ、

（8）『シーニュ』1　一八ページ

ここを離れてはありえないというわけだ。してみると「存在の推力（プセ・ド・レートル）」とは、まさしく世界内属存在の存在原理に他ならず、とりもなおさずそれは、世界のさなかで一喜一憂しつつ、同時に、森羅万象が「在る」という事実そのものへの原初的な「驚き（エトヌモン）」を表明し続けることに他なるまい。メルロ＝ポンティは、世界を前にして、まるで幼児のごとく驚き、表現してみせた。その思想が、世界の香りを満載していないはずはないだろう。「海底から引き揚げられた魚網が、ピチピチした魚や海藻を同伴(9)」しているように、彼の思想もまた、世界のさまざまな輝きを伴いながら、その深みから引き揚げられているのである。世界に触発されたメルロ＝ポンティは、こうして、私たちを触発する。私たちは、さしあたり彼の魅力に、「触発する思想」という名をつけておくことにしよう。

（9）『知覚の現象学』1　一五ページ

初期メルロ＝ポンティを読む

⦿――若き日のメルロ＝ポンティ

作家論と作品論とのはざま

本シリーズ「哲学の現代を読む」は、哲学者の瑣末な生涯など、きれいサッパリ切り捨てて、直接、テクストの「読み」から出発するところに本領があるという。おもしろい試みだ。たしかに、カントの退屈な毎日を追ってみたところで、『純粋理性批判』が読みやすくなるわけではあるまいし、ナチスにへつらうハイデガーの姿を知れば、深遠なる哲学も三文安。やくざな舞台裏には目を向けず、作品論に徹する方がいい。これはもっともな理屈のように思われる。

けれども、序で触れたように、わがメルロ＝ポンティの場合には、とりわけその哲学を具体的な生から引き離すことは難しい。そのうえ、メルロ＝ポンティ自身が、世界を理解するための方策を次のように述べているのである。

この場合、〔歴史なら〕歴史というものを、イデオロギーから出発して了解すべきであろうか。それとも政治から、それとも宗教から、それとも経済から出発して了解すべきであろうか。また〔一つの学説なら〕学説というものを、その表明された内容から了解すべきであろうか。

それとも著者の心理や彼の生活上の出来事から了解すべきであろうか。ほんとうは、同時にあらゆる仕方で了解せねばならぬのであって、すべてが一つの意味をもっており、われわれはすべての諸関係のもとに同一の存在構造を見いだすのである。以上に挙げたどの見方も、それらをバラバラにしてしまうのでなければ、また、歴史の根柢まで降り下って各展望のなかに顕在化されている実存的意味の独自の核に到りつきさえすれば、すべてが真実なのである。[1]

彼は「著者の心理」も「生活上の出来事」も何ひとつ捨てることなく、「同時にあらゆる仕方で了解せねばならぬ」と説いている。では、どうすればいいのか。私は提案したい。たとえばあのデカルトが「世界という大きな書物」を紐解こうとしたように、私たちもまた、まずはメルロ＝ポンティの形成期を一冊の書物に見立て、それを読解してみるのはいかがだろうか、と。

表現者は誰もが、処女作を公にするはるか以前から、なにがしかの習作を試みているものだし、この習作もまた、それ以前の日々の経験から紡ぎ出されてくるに相違ない。だとすれば、著作は著作にとどまらず、はるか紙幅を越えて伸び広がっていることになり、私たちは書物を読むのと同じようにして、その著者の形成期がもつ「意味＝方向＝肌理（サンス）」を読み解くこともできるだろう。これこそ、拙著の冒頭に「初期メルロ＝ポンティを読む」という第一章を置くゆえんである。

いや、それだけではない。実を言えばメルロ＝ポンティの生涯は、未だ、切り捨てようにも切り捨てるものがないほどに、世間では知られていないのである。これまでのメルロ＝ポンティ研究書には、彼の家系も、生家も、家族構成も、正確なことはほとんど記載されてこなかった。何故か。誰もが知らないからである。いきおい、それらの研究書は作品論に傾かざるをえないだろう。

あの浩瀚なる『メルロ＝ポンティの思想』を書かれた恩師・木田元氏でさえ、そんな事情を正当化するかのように、「彼のばあい、それほど伝記的な興味をそそる生涯とは言えない[2]」と記している。だが、本当にそうなのか。乏しい伝記的資料をもとにして興味をそそられないと断ずるのは、悪しきトートロジーのようなものに過ぎず、それはひとえに、私たちの無知を告白しているだけのことではないだろうか。

まさしくメルロ＝ポンティ自身が語っていたように「いつもそこにいる成熟した人間は、何もしなかったように見える[3]」ものだし、そもそも彼の伝記が知られなかったことについては、それなりの伝記的な理由もある。この点については後ほどゆっくりお話しするとして、本書の冒頭は、あえて本シリーズの画期的な試みにも逆らいつつ、むしろメルロ＝ポンティの「具体的な生」によって埋め尽くす必要があるだろう。月並みではあるけれど、まずは彼の誕生について語るところから始めたい。

（1）『知覚の現象学』1　XIVページ
（2）木田元『メルロ＝ポンティの思想』岩波書店　ixページ
（3）『シーニュ』1　三八ページ

出自が意味するもの——輝かしい世代、親密な家庭、そしてロシュフォールの浜辺

モーリス・ジャン・ジャック・メルロ＝ポンティは、一九〇八年三月一四日、フランス大西洋岸の港町ロシュフォール＝シュル＝メールで生まれた。指揮者のカラヤンや画家のバルチュスが同い年であるといえば、およその見当もつくだろうか。

あるいは、やがて彼が関わりあうことになる思想家たちと比較してみるならば、あの女権論者のシモーヌ・ド・ボーヴォワールと構造人類学者のクロード・レヴィ＝ストロースとが同年の生まれ。さらに三年の長をもって、良きライバルとなるジャン＝ポール・サルトル、ポール・ニザン、レイモン・アロンらが鎮座ましましている。

その前後には、アンドレ・マルローを筆頭に、ジャック・ラカン、アレクサンドル・コジェーヴ、ウラディーミル・ジャンケレヴィッチ、ジョルジュ・カンギレム、エマニュエル・レヴィナス、フェルディナン・アルキエ、ジャン・イポリット、モーリス・ブランショと錚々たる先輩たちがひしめきあい、一方、後塵を拝する者としては、ミケル・デュフレンヌ、アンドレ・ルロワ＝グーラン、アルベール・カミュ、ポール・リクール…と枚挙に暇がない。

いみじくも、彼らを「第一次大戦後、大学で学ぶ輝かしい世代」[4]と呼んだのは、炯眼のメルロ＝ポンティ研究者グザヴィエ・ティ(リ)エットであったが、ことほどさように、これら一群の思想家たちは、やがて第二次大戦後、立場はそれぞれに違いながらも、フランス思想を根本的に刷新すべき宿命を担っていたのである。

メルロ＝ポンティ誕生の日付がそんなことを意味しているとすれば、彼が生まれついた家系や場所からは、いったい何が読み取れるのか。あまり決定論に傾くのもどうかとは思うが、当然ながら、家庭の雰囲気（クリマ）や出生地の風土（クリマ）が、その人物の気質（クリマ）に影響しないはずはないだろう。

父親はベルナール・ジャン・メルロ＝ポンティ。フランス海軍の植民地派遣歩兵科大尉を務めている。母親はジュリー・ジャンヌ・マリー・ルイーズ（旧姓バルテ）。上流ブルジョワ階級の女性として地方社交界にも出入りしていたようである。

父方の祖父は、まるでモーツァルトのイタリア物オペラにでも出てきそうなサミュエル・アナトール・マゼッパ・メルロ＝ポンティ。曾祖父がジョゼフ・ポンティであるところからすれば、祖父の代からメルロ＝ポンティ姓になったことや、先祖がイタリア系とおぼしきことなど、一目瞭然となるだろう。モーリスの容貌がしばしば「イタリア人風」と形容されるのも、けだし当然と言うべ

（4）X・ティリエット『メルロ＝ポンティ』木田・篠訳　大修館書店　七ページ

きか。
　父母は一八九九年に結婚しているので、モーリスには、すでに八歳年上の兄ルイがおり、やがて、妹モニックが誕生する。軍人であった父は第一次大戦の直前に亡くなったと伝えられているが、そうだとすれば、モーリスは六歳になるかならぬかのところで父親を喪っていることになる。当然ながら、サルトル同様、メルロ＝ポンティにもまた実存的精神分析でいうところの「私生児性」が見られるはずだが、結果として彼は、サルトルのように放埒な自由を追い求めることにはならず、むしろ母を中心とした楽園形成に、これ努めることになるだろう。もう少し後の時代の証言ではあるけれど、友人モーリス・ド・ガンディヤックはこう記していた。

　彼〔メルロ＝ポンティ〕は母や兄妹に囲まれ、やや閉鎖的（クローズ）なほど親密な雰囲気の中で成長した。それは、彼の内に深く刻み込まれている。(5)

　この親密な雰囲気から発する彼の人生が、やがては失楽園を余儀なくされ、さらにそこから復楽園へと大きく蛇行してゆく経緯については、後にまた言及してみよう。
　生家はティエール通り一〇〇番地。この通りは、ロシュフォール市役所の裏手にあり、市の唯一の観光名所「ピエール・ロチの生家」が位置するピエール・ロチ通りのすぐ西隣を並行して南北に走っている。「海の微風（ブリーズ・マリーヌ）」を感じながら、外界へと開かれた感性を養うには、もってこいの環境であるだろう。

そういえば読者の皆さんは、映画『ロシュフォールの恋人たち』をご覧になっているだろうか。『シェルブールの雨傘』で大成功した監督ジャック・ドゥミが、ジョージ・チャキリスやジーン・ケリーまでも起用して、柳の下の二匹目のドジョウを狙ったフレンチ・ミュージカルの作品である。初々しいカトリーヌ・ドゥヌーヴもいいけれど、やはりダニエル・ダリューが…などと脱線してはいけないが、ロシュフォールはここに描き出されているように、さほど名所らしい名所もない十七世紀からの軍港の町である。

こうしたところに、メルロ＝ポンティの父の職業を考え合わせるならば、彼の出生地には、「港」「海軍」「植民地」「ピエール・ロチ」「エキゾティスム」等々の一連のイメージが結びついてもくるだろう。気候はまさしく西岸海洋性。あたりには砂浜や沼沢地も多く、ジロンド河を越えて南下すると、そこには一大景観のピラ砂丘も広がっている。『知覚の現象学』の精彩に富む引用例の一つは、まず、そうした景色を髣髴させるものとみてまちがいない。

私が渚づたいに或る難破船の方へ歩いて行って、その船の煙突なり帆柱なりが砂丘を縁どる

---

(5) Maurice de Gandillac, *In memoriam, Maurice Merleau-Ponty*, in *Revue Philosophique*, 87, janv.-mars 1962, p. 104

森と溶け合って見えるという場合〔…〕[6]

こうした砂丘を彷徨する人々は、どこまでも透明な碧空に吸い込まれてしまいそうになるかと思えば、また、湿った物憂い夕日を眺めることも少なからず、さしずめこの地の風情は『ロシュフォールの恋人たち』の幕切れのように、明暗が互いに他を際立たせる類のものと言うべきか。ニュアンスに満ちたメルロ゠ポンティの哲学のスタイルも、彼自身のノスタルジックな身振りも、おそらくは、こうした風土と無縁のものではないだろう。

哲学との邂逅——若き教師ロドリーグ

そんなロシュフォールでの生活の後、メルロ゠ポンティ一家は、さらにラ・ロシェル、アルカッション、ル・アーヴルと海沿いの町を転々とし、やがて華の都パリ一六区のトゥール通り二四番地に居を定めることとなる。ここはパッシー、トロカデロ、ラ・ミュエットを結ぶ三角地帯に位置する高級住宅街であり、モーリスは、そこから目と鼻の先にある名門高校中学ジャンソン・ド・サイイに通うことになるのである。

とはいえ、当時の彼は、日々サッカーの練習に明け暮れるスポーツ少年であったらしく、まだ哲学者の道には踏み込んでいない[7]。哲学との出会いが生じるのは一九二三年ごろ、まさしくこのリセの哲学級においてである。メルロ＝ポンティ自身、先にも引いたシャプサルとの対談のなかで、はっきりとこう語っていた。

伝記的ご質問に対しては、哲学級（高等中学の最上学年）に進んだ日に、私は自分がやりたいと思っているのが哲学であることを悟ったとお答えします。その時も、それ以後も、その点についてはいささかの躊躇も感じたことはありません[8]。

サッカー少年が、突如として哲学者に転向する。この間に介在したのは、いったいどんな哲学教師だったのか、私は長い間、そのことが気にかかって仕方がなかった。これを教えてくれたのは、ジョルジュ・シャルボニエのインタヴューによる『メルロ＝ポンティとの十二の対談集』である。

（6）『知覚の現象学』1　五一ページ
（7）『行動の構造』の二五〇ページには、彼のこの時代を彷彿させるような、サッカー・グラウンドの比喩が取り上げられている。もっとも、邦訳では「フットボール」と誤訳されているけれど。
（8）マドレーヌ・シャプサル編『作家の声　20世紀文学の証言』一七九ページ

この資料には版権の問題がからんでおり、今日なお未公刊のままになっているため、本書でもあまり自由な引用ははばかられるが、およそのところをご紹介すると、こういうことになる。(9)

メルロ＝ポンティは、まさしく当時、サッカーに夢中で、「知的な方面、精神的な方面」には少しも興味を抱いていなかった。そのうえ、「正直に言えば」（と彼自身、前置きしながら）数学もあまり好きではなく、点数も悪くて、結局、ギリシャ・ラテン語の大学入学資格試験（バカロレア）を目指すために、その数学をも放棄したような状態だったという。ところが哲学の授業に接してみると、どうだろう。二時間目か三時間目には、もう、おもしろくて仕方がない。彼は、これこそわが進む道であると確信したらしいのである。

この時、クラスを担当したのは、戦場から復員してきたばかりの若い教師であり、メルロ＝ポンティは、哲学への志を抱くにあたって、いや、そもそも勉学に励み、高等師範学校（エコル・ノルマル・シュペリユール）へ進もうと決意するにあたって、「この教師の存在は、明らかに大きな役割を果たした」と語っている。彼の名はロドリーグ。「行動の人」であり、学生たちからも大いに尊敬されていたという。

> この教師は、なんとも悲劇的な宿命を背負っていました。彼は、ドイツ軍がフランス南西部にまでやってきた一九四〇年、ビアリッツで自殺したのです。当時だれもが多少とも熱に浮かされたようになっており、彼もまたそんな風潮のなかで、とりわけ自分だけがドイツ軍につけ狙われていると思い込んでいたらしい。彼はユダヤ人でしたし、詳しいことは忘れてしまいま

したが、ある労働組合の役職にもついていたはずです。占領下では生きていられないと考え、フランスから脱出しようとまで考えていたのですが、やがて断念し、とうとうビアリッツの崖から海に身を投げてしまいます。

哲学教師として、彼は私たちに深い影響を与えました。ロドリーグは無神論者だという噂でしたが、私たちが生身の無神論者、つまり、自分自身をはっきり無神論者だと公言する人物をまのあたりにするのは、これが初めてだったのです。彼が教室に入ってくるのをどれほど緊張して待っていたか、私は今でもよく覚えています。結局、無神論者は、なんの変哲もない人物であり、それらしい特徴も持ってはいませんでしたがね。

ロドリーグは繊細で公正な人物でした。［…］彼の並外れた道徳的資質は私たちを驚かせた

（9）この『メルロ＝ポンティとの十二の対談集』*Douze entretiens avec Maurice Merleau-Ponty* は、フランス放送協会のために一九五九年五月二五日から八月七日までの間に録音され放送されたものである。その後、行方知れずになっていたのだが、一九八〇年、加賀野井が「アンテンヌ2」テレビ局の創作・番組編成局長ピエール・ヴィーン氏の助力をあおぎ、国立視聴覚研究所（ＩＮＡ）のシルヴィー・カザン嬢に探し出していただいた。ところが、折悪しく、この資料が脚光を浴びるようになってきており、某社が活字化して刊行することを計画していたため、これを加賀野井が自由にすることはできず、聴取することしかできなかった。やがてその後、出版とともに日本でもみすず書房から邦訳が出る運びになっていたようだが、当の出版元にトラブルが続き、現在なお公刊されていない模様。二〇年以上を経て、このたび、その対話を参照することができたのは、ひとえに、邦訳者として予定されていた東京大学教授増田一夫氏のご好意によるものである。幸いにして氏のもとには、この対談のトランスクリプション原稿が届けられていたのである。氏にはこの場をかりて、改めて御礼申し上げたい。

ものです。彼はまた行動の人であり、行動について、行動の問題についての著作を書いていました。思弁よりも行動に向いていたんですね。とはいえ、彼の授業もまた実によくできていて、私はその授業を通して哲学に入門することとなりました。

いかがだろう。学生たちにかくも謎めいた記憶を刻みつけ、一サッカー少年を未来の大哲学者にしてしまうなど、考えてみれば哲学教師冥利に尽きようというものだが、そんなロドリーグを通じて、メルロ＝ポンティが真っ先に意識し始めたのは「他者の問題」であったという。もっともロドリーグ自身は、主題的に他者問題を取り上げたわけではなく、当時の哲学界の風潮どおり「観念論の何たるか」を講じていたようだが、メルロ＝ポンティは、かえってそこから「他者の存在において観念論の難点が露呈してくる」ことを学んだらしいのである。それはまた「心身関係の問題」にも繋がってゆくことになるだろう。[10]

高等師範学校——サルトルとの出会いをめぐって

やがて、メルロ＝ポンティはジャンソン・ド・サイイから、もう一つの名門高等中学ルイ・ル・

グランに移り、二年間の高等師範学校受験準備級に入るのだが、ここで初年度を担当したのはマルセル・ベルネ。彼は『中等教育の改革』という書物を著し、中等教育における「省察力の重視」を主張している。二年度を担当したのはジョルジュ・ボーラヴォン。こちらは、ルソーの研究をしながらドミニック・パロディとともにバークリの翻訳を手がけていた。私の調べた限りでは、ベルネもボーラヴォンもかなり質の良い主知主義的思想家と見受けられ、おそらくはロドリーグ同様、当時の観念論的な風潮の只中にいながら、いささかなりと、具体性への手探りをしていた人々だろうと思われる。

ともあれ、遅まきに哲学に目覚めたメルロ＝ポンティのこと。高等師範学校への合格順位はかろうじて二二番であったうえ、さらに哲学の点数も悪かったらしい。ギリシャ語と歴史とが比較的良かったため、当時、校長を務めていたフランス文学史の大家ギュスターヴ・ランソンは、彼に、ぜひ「文法」を専攻するようにと勧めるが、哲学こそ天職と見定めていたメルロ＝ポンティは断固と

---

(10) ロドリーグについては、これ以上の情報は見つかっていないが、思いがけないことに、ボーヴォワール『娘時代』には、一九三〇年の彼の様子が描き出されていた。「一月、私はロドリグというたいへん親切な老紳士の監督のもとに、ジャンソン・ド・サィイ中学で教師見習をした。この紳士は人権擁護連盟の会長をしていて、一九四〇年、ドイツ軍がフランスに入って来た時殺された。」（朝吹登水子訳）ここでロドリーグは老紳士になっているが、おそらく、多少の脚色がほどこされているに違いない。この作品のなかでは、メルロ＝ポンティも、プラデルという名で登場したり、本名で登場したりしているのである。

してこれを拒否。四年後の教授資格試験(アグレガシオン)には、ついに二番の成績で合格するまでになるのである。

さて、いよいよ、ここ高等師範学校において、メルロ＝ポンティはあの「輝かしい世代」の思想家たちとさまざまな交流を始めることになる。とりわけ、盟友にして良きライバルともなるサルトルとの出会いは特筆すべきものだろう。彼は「スキャンダラスな作家」という小論で、この出会いについて語っていた。

今から二十年前のある日、気の向くままに、ひどく卑猥な古いシャンソンを口笛で吹いていたので、エコール・ノルマールの学生達が、私の友達の一人と私とをめがけてどっと攻めかけてきたときに、私はかれを識った。かれは迫害者たちとわれわれの間に割って入り、われわれが置かれていた勇壮で滑稽な状況に、妥協も損害もない逃げ道を用意してくれた。⑪

いささか不良っぽいポーズをとるメルロ＝ポンティたち。彼らに対し、お上品な高等師範学校の連中が襲いかかってきたところで、サルトルが仲裁に入る。これが二人の最初の出会いになったというのだから、いかにも青春の一コマを髣髴させるようでほほえましい。ところがここには、実はメルロ＝ポンティの形成期を考えるうえで、かなり大きな問題点がひそんでいるのである。

T・F・ジェラートは、この出会いについて再調査し、上記「私の友達の一人」であるモーリス・ド・ガンディヤックから証言を得て、「卑猥な古いシャンソン」は「反戦歌」であったという報告をしている[12]。だとすれば、先の一節から得られる不良っぽい彼のイメージは、すぐさまアンチ・ミリタリストの姿にとって替わられることになるだろう。それればかりではない。さらに私が調べたところでは、メルロ＝ポンティの死の直後、ル・モンド紙に寄せられたジャン・ラクロワの追悼文には、以下のようにも書かれているのである。

彼自身〔メルロ＝ポンティ〕が私に語ってくれたことだが、彼は、かつてカトリック学生同盟の活動家であり、自己の信仰にかかわる全ての事柄を重視していたという。高等師範学校に入学した頃、そこで古くから歌われていた卑猥なシャンソンに対し、彼は激しい抗議の声をあげたことがある。ちょうど新入生いじめの日だったので、皆はメルロ＝ポンティを締め上げようとしたが、その勇気に感心した一人の上級生が割って入り、彼を助けた。これがジャン＝ポール・サルトルだったのだ[13]。

なんと、ここでは、卑猥なシャンソンを攻撃しているのはメルロ＝ポンティの方になっている。

(11)『意味と無意味』永戸多喜雄訳　国文社　七二ページ
(12) Théodore F. Geraets, *Ver une nouvelle philosophie transcendantale*, Martinus Nijhoff, La Haye, 1971, p. 11
(13) Jean Lacroix, *L'itinéraire de Merleau-Ponty*, Le Monde, le 6 mai 1961

そうだとすれば、当時の彼のイメージは一変し、不良っぽいどころか、彼こそが、お上品で生真面目なカトリック青年だったということになるだろう。こうなると、話はまるで藪の中。たかだかサルトルとの出会いの一場でありながら、伝記はこれほどにも違って読めてしまうわけである。この点について、やはりすっきりとした解答を与えてくれたのは、前記シャルボニエとの対談だった。ここではメルロ＝ポンティにしては珍しく、回顧的な身辺事情が語られている。

当時の私は伝統主義者で、高等師範学校生たちの集まりで歌われるシャンソンの下品さに驚いてしまったことを、未だによく覚えています。おそらく今でも歌いつがれていると思いますし、たわいないものですが、当時の私は少し了見が狭かったわけですね。ある祭りの日、私たちは皆でパンチを飲み、何人かの連中がそんな卑猥なシャンソンを歌い出したので、私はそれを野次りました。私だけではなかったのですが、多勢に無勢。乱闘になりかけた時、突如、双方の間に、ちびで、たくましく、行動的な一人の青年が現われたのです。まもなく、それがサルトルだということを知らされました。彼は仲裁したわけですが、なぜなのか、私は何度も考えてみました。サルトルの個人的なオピニオンは、私のものとはまるで違っていたのですから。(14)

こうして、結局、先ほどの「スキャンダラスな作家」からの一文「ひどく卑猥な古いシャンソンを口笛で吹いていた〔＝sifflé〕」は、「ひどく卑猥な古いシャンソンを野次っていた〔＝sifflé〕」と訳さねばならなかった、という邦訳の問題にまでつながってくることになるだろう。(15) いずれにもせよ、この頃のメルロ＝ポンティは、まだまだ生真面目なカトリック青年の観を呈しており、後にそう呼ばれる「無神論的実存主義者」の風貌からはほど遠い。「〔メルロ＝ポンティは〕二〇歳でクリスチャンであることをやめた(16)」とするサルトルやボーヴォワールの見解も、回顧的錯覚に過ぎると

---

(14) これについては、その後、ボーヴォワールの『別れの儀式』において、サルトルの側からの言及もなされている。

サルトル―知っているように、ギーユ、マウー、ニザンとぼくは、一つのグループをつくっていて、みんなから冷やかされたものだ。

―ええ、なぜならあなたたちは好きでない連中に対してはとても冷ややかな態度をとっていたんですもの。たとえばメルロー＝ポンティだけれど、あなたはとても仲が悪かったんでしょう？

サルトル―うん、しかしそれでも一度、彼を殴ろうとした連中からぼくは彼を護ったことがある。

―あなたたちが卑猥な歌をうたったので、カトリック系の学生だった彼が口を出したんでしたっけ？

サルトル―彼は部屋から出て行き、連中が後を追った、二人だったが、とても怒っていて彼を殴ろうとした。それでぼくも出て行った、ぼくはメルロー＝ポンティに漠然と友情を感じていたんだ。誰かもう一人ぼくと一緒にいて、ぼくらは追いつき、殴るのはよせ、ほっといてやれ、行かせてやれ、と言った。それで彼らは何もせずに去ってしまった。

ボーヴォワール『別れの儀式』朝吹、二宮、海老坂訳　人文書院　三二五～三二六ページ

(15) この問題点は、最初に公刊された国文社版の『意味と無意味』の訳ばかりではなく、みすず書房版の訳においても変わらない。

(16) サルトル『シチュアシオン』Ⅳ　佐藤朔他訳　人文書院　一七二ページ

言うべきか。これは些細なことのようでありながら、彼のノスタルジックな哲学を考えるうえでも、晩年の肉の哲学を考えるうえでも、かなり重要なポイントであるように思われる。

母のスキャンダルと恋人の死

このようにして、サルトルをはじめとするフランス思想の「輝かしい世代」との交流も生じ、メルロ＝ポンティは、まさしく知的青春期に飛び込むこととなるわけだが、舞台は、ほかでもない恋の花咲くパリ。やがて彼が教授資格試験の指導を受けることになるデカルト研究の権威、ジャン・ラポルト先生が「ちょびヒゲをたくわえ、白のゲートルをはき、往来で女たちのあとをつけ」[17]たりするのもさして珍しいことではなく、その方面ではメルロ＝ポンティも、なかなか捨てたものではなかったらしい。

彼は、一九二七年六月に受けた学士号取得のための「一般哲学」の試験で三位の成績だったが、その時の一位がシモーヌ・ヴェイユ、二位がボーヴォワールであったため、「女の子二人に出し抜かれておおいに憤慨した」との理由をつけて、後者の女性に接近する。ボーヴォワールは、この「良家の出で、すっきりした美しい顔立に、ビロードの眼差しを持ち、小学生のような笑い方をする、率直で快活な」青年に、すぐさま好意を抱き、リュクサンブール公園で逢瀬を楽しむようになるのである。彼女は、その著『娘時代』のなかに、メルロ＝ポンティをプラデルという名で登場させている。

私たちは毎日石像の女王の下で会うようになった。私は良心的にいつも約束の時間きっちりに来た。私は、遅刻した困惑を隠そうとして笑いながら駈けて来るプラデルを眺めるのがとても嬉しかったので、彼の遅刻に感謝したいくらいの気持だった。(18)

けれども、メルロ＝ポンティとボーヴォワールとの仲は、どちらかと言えば友情に近いものであり、やがてメルロ＝ポンティは、彼女の親友エリザベート・L（この表記はC・フランシス、F・ゴンチエ『ボーヴォワール　ある恋の物語』によるものであり、『娘時代』ではエリザベート・マビィユとされているが、私の調べた限り、Lはラコワンである）、通称ザザと恋におちることとなる。ザザは、ピアノで「ショパンやドビュッシーを」弾きこなす「美しい黒髪」の女性であり、メルロ＝ポンティは彼女と、大学教授資格試験に合格し、兵役を終えたら結婚しようという約束を交

(17) ボーヴォワール『娘時代』朝吹登水子訳　紀伊国屋書店　一八六ページ
(18) 同書　一二八ページ

わしていた。

一方、ザザの両親、ラコワン夫妻は、旧道徳の権化のような存在であり、大学生や高等師範学校生の放縦を嫌って、娘を親のあてがう相手と結婚させたがっていた。いきおい、恋人同士は結束し、ボーヴォワールもまた、彼らの恋を応援しようと決心する。ところがどういうわけか、ある時期を境にして、メルロ゠ポンティの態度があいまいになってくるのである。「ぼくはエリザベートを愛している。しかし、すぐには結婚できない。妹が婚約したばかりだし、兄もトーゴに出発する。ぼくが結婚するつもりだと知ったら、母は悲しみのあまり死んでしまうだろう」[19]というのがその理由ではあるけれど、これでは、いくらマザコンのメルロ゠ポンティとはいえ、理不尽にもほどがある。案の定、ザザは次第に憔悴し、入院し、狂気に陥って、死んだ。

ボーヴォワールがメルロ゠ポンティの心変わりを責め、そのふがいなさを糾弾したことは言うまでもない。だが、親友ザザが死んで三〇年、『娘時代』が公刊されるに至り、ボーヴォワールは、ザザの姉の一人から意外な真相を聞かされることになるのである。それはおおよそこんな話だった。

モーリス（メルロ゠ポンティ）とザザは恋におち、二人はすぐさま将来の計画をたてることにした。ザザはモーリスを両親にひき合わせ、彼は気に入られる。だが、当時の上流ブルジョワ階級には、姻戚関係をひどく気にする習慣があったので、ラコワン夫人は婚前調査を依頼したという。その結果、なんとモーリスと妹のモニックとは、母親の不貞の子であることが判明するのである。メルロ゠ポンティ一家は、ロシュフォールの後、長らくラ・ロシェルにも住んでいたが、海軍将校の父はしばしば遠洋航海に出ていた。その留守中、母は某大学教授の愛人になり、二人が生まれたというわけだ。

モーリスにも妹にも、この秘密は隠されていたのだが、ある夏の日、ブーローニュの森でザザの父親と交わされた「男同士の話」によって、真実は発覚する。母親のスキャンダラスな生活は暴かれ、二人が私生児であり、罪の子であることが告げられる。モーリスは衝撃を受けた。妹は婚約中であり、相手の家族に知れては困る。彼はザザとの結婚をあきらめるかわりに、この話を内密にしておいてほしいとラコワン夫妻に嘆願したのである。

◉——ザザ（エリザベート・ラコワン）

すべての悲劇はそこに端を発していた。ザザが病床で息をひきとる寸前、両親はようやく二人の結婚を認めることにしたが、時すでに遅かった…。

メルロ＝ポンティの伝記が未だに定かでないのは、こんなところに原因があったいかがだろう。

(19) C・フランシス、F・ゴンチェ『ボーヴォワール ある恋の物語』福井美津子訳 平凡社 一三九ページ

わけである。その傍証にもなるだろうか、一九八〇年ごろ、私は判明する限りのメルロ＝ポンティの近親者に手紙を送ってもみたのだが、ほとんどは梨のつぶて。わずかに従弟のジャック・メルロ＝ポンティから返事をもらったことを思い出す。

メルロ＝ポンティの思想を育んだ土壌

ともあれ、出生の秘密と恋人の死による二重の打撃を受けたメルロ＝ポンティは、かえってそれを振り切るかのように学業に没頭し、一九三〇年、弱冠二二歳で哲学の教授資格試験に合格することとなる。当時のメルロ＝ポンティの哲学的境位を示す記録は残されていないが、彼が晩年に行なった講演の中には、同時代の思想状況を見事に要約するものがある。[20] それによると、まさしくこの頃のフランスでは、二つの哲学的勢力が支配的であった。一つは、レオン・ブランシュヴィックを中心とする新カント派的な主知主義の流れ。もう一つは、ベルクソン哲学の流れである。

ただしベルクソンは、一九一八年にアカデミー・フランセーズの会長となり、二八年にはノーベル賞まで獲得しているにもかかわらず、当時すでに教職を辞していたし、かつて教鞭をとっていた場所も大学ではなく、決まった生徒を持たぬコレージュ・ド・フランスであった。そのうえ、ソルボンヌ（大学）の側からは、ベルクソニスムに対する、一種の敵意さえ見られたという。
そんなわけで、当時のメルロ＝ポンティたちを取り巻く哲学的風土にあっては、ブランシュヴィック流の主知主義が他を圧倒していたことになる。サッカー少年を哲学に帰依させたロドリーグしかり、高等師範学校受験クラスのベルネやボーラヴォンしかり、さらに当時、ベルクソンと並び称されていた高等中学校の教師アランしかり、だれもが主知主義的というか観念論的というか、どことなく似通ったこの時代の空気を呼吸していたのである。こうした風潮に反旗をひるがえすのは、まさしくメルロ＝ポンティたち「輝かしい世代」になるわけだが、とりわけサルトルは、当時の講壇哲学者たちに容赦ない批判を浴びせていた。

彼ら〔謹厳居士であるわれわれの先生方〕はすべて、人間と自然は普遍的概念の対象となる、と言っていた。それこそまさしくメルローポンチが承服できないことであった。自分の先史の古風な秘密に悩む彼は、自分を軽飛行機だとみたてて、われわれ人間の生まれながらの埋没状況を忘れてしまい、《上空飛行の思考》を実践するこれらのまっとうな連中に苛立っていた。(21)

(20) メルロ＝ポンティ『知覚の本性』所収「実存の哲学」参照
(21) サルトル『シチュアシオン』Ⅳ　一六〇～一六一ページ

当時、高等師範学校生のあいだで使われていたこの「上空飛行の思考」という表現は、まさしく言い得て妙。今日あらためてブランシュヴィックのものを読み返してみれば、なるほど、その大風呂敷で能天気なオプティミズムに辟易しないではいられない。メルロ゠ポンティは、彼の「人物的価値」を高く評価するものの、学説については「貧弱な」という表現で一刀両断にしているのである。

ブランシュヴィックは、カントが了解していたような観念論の遺産を私どもに伝えたのだと申し上げねばなりません。この観念論はブランシュヴィックにおいて柔軟にされてはいるものの、やはり結局のところ、ごく概略的にはカント的観念論でありました。要約すればこの哲学は、主に反省の努力、自己をふり返る努力のうちにあったということになります。身のまわりの対象に関するわれわれの知覚が問題になろうと、学者たちの活動が問題になろうと、いずれにしても彼の哲学は、外的知覚をも、学の構築をも、精神活動の仕業として、つまり精神の創造的で構成的な活動として捉えようとしていたのです。彼にとって結局のところ哲学は、学者たちが対象の方に向けていた視線を、学問の対象を構築する精神の方に転じるという、まさしくそのことでありました。以上がこの哲学の概観です。それゆえ、この哲学の内容がかなり貧弱なものであったということは、あえて申し上げておかねばなりません。(22)

では、こうした「貧弱な」哲学に牛耳られていた当時の状況にあって、メルロ＝ポンティ自身はどのように思索を進めていたのだろうか。フェルディナン・アルキエの証言によれば、高等師範学校受験クラスの二年目、つまりボーラヴォンの指導下にある頃、彼は熱心にベルクソンを読んでいたという。[23] また同時に、ピエール・ティスランの個人教授も受けていたらしい。言うまでもなくティスランは、当時すでに、一四巻にものぼるメーヌ・ド・ビラン全集を公刊し始めていたわけだから、この時期メルロ＝ポンティは、後の一九四七年から翌年にかけて行なう講義「マールブランシュとビランとベルクソンにおける心身の合一」に結実するような思索を深め、フランス・スピリチュアリスムの系譜とでもいうべきものをたどっていたように思われる。

また、一九二八年から二九年にかけ、彼はエミル・ブレイエの指導の下で「プロティノスにおける多様なヌースの観念」なる論文を作成している。残念ながらこの作品の行方はしれないが、その後、あの（サルトルとの出会いの一件に立ち会っていた）友人のガンディヤックが著わした『プロティノスの知恵』（一九五五）を参照し、メルロ＝ポンティ自身の論文「どこにもありどこにもない」（一九五六）の表題がプロティノスの発想に由来するものでもあることを加味すれば、そこでの

(22) メルロ＝ポンティ『知覚の本性』九五ページ
(23) 一九二九年のある日には、メルロ＝ポンティが一人の女友達にアルベール・ティボーデの『ベルクソニスム』を読むよう薦めていたという証言もある。*Cf.* Geraets, op. cit. p. 6

彼の関心について、少しは見当がつこうというものだ。どこにもありどこにもない「一者」が、一と多との関係、あるいは主客関係を生じ、「ヌース」へと分節されていく……これはまさに、後のメルロ＝ポンティの存在論を連想させるものではないか。

さらに二九年から三〇年にかけて、メルロ＝ポンティは、かの「往来で女たちのあとをつける」ジャン・ラポルト先生の指導を受ける。そこでは、もちろんデカルトと、当時ラポルトが夢中になっていたヒュームとを、いやというほど叩き込まれたことだろう。「知覚は疑わしい」とするデカルトと、「自我は知覚の束に還元される」とするヒュームとのはざまで、メルロ＝ポンティの知覚理論がどれほど深められることになったのか、想像するに難くはない。

まあ、ざっとこんなところが、学校教育の中でメルロ＝ポンティが取り入れてきた哲学的エレメントになるだろうか。こうして一九三〇年、前記したように、彼はめでたく哲学の教授資格試験に合格し、すぐさま兵役に服することとなる。やがて、翌三一年に軍務を解かれると、今度はパリの北、ボーヴェの町に高等中学（リセ）の教師として赴任する。ここでようやく、メルロ＝ポンティは自己の思索に没頭できるようになり、博士論文に向けて、いよいよ独自の発想を展開していくことになるのである。

メルロ＝ポンティの出発点――知覚、ゲシュタルト心理学、ベルクソン

現在、私たちが入手できる最も早い時期のメルロ＝ポンティの文章は、一九三三年の春、彼が国立学術金庫（ケス・ナシヨナル・デ・シアンス）の研究助成金を申請する際に、これに添えて提出されたものである。題して「知覚の本性に関する研究計画」。つまり彼は、やがて『行動の構造』と『知覚の現象学』として結実するはずの学位論文を、最初は『知覚の本性』というタイトルにしようと考えていたらしいのだ。当然ながら、冒頭から知覚研究の重要性が強調されている。

神経学、実験心理学（特に精神病理学）、および哲学の現状において、知覚の問題、とりわけ自己身体の知覚の問題を捉え返してみることは有益であると思われる。(24)

そこからすぐに、時流を占める「批判主義的な」（もしくは新カント派的な）学説が、当時ドイツで脚光を浴びていた「ゲシュタルト」学説に対置され、批判され、同じ批判は神経学の発達からも帰結することが語られる。あげく、この文章は、次のような言葉で結ばれていたのである。

(24)　メルロ＝ポンティ『知覚の本性』一ページ

要するに、哲学の現状において必要なことは、知覚の問題をめぐる実験心理学と神経学とのさまざまな成果の綜合を試み、反省によってその正確な意味を限定し、そしておそらくは、現行のいくつかの心理学的および哲学的概念を鋳直すことであるだろう。

そう、単に知覚が重要だというばかりではない。当初よりメルロ＝ポンティが目論んでいたのは、知覚を起爆剤として、心理学や哲学の概念をすっかり「鋳直す」ことでもあったのだ。したたかな発想。だが、どのようにして、彼は知覚にそれほどの賭金を積むことができたのか。おそらくその背後には、ベルクソン思想の影響がある。この研究計画書に「起こりかけている運動（ムーヴマン・ネッサン）」や「運動枠（カドル・モトゥール）」といったベルクソン用語が顔を見せているのも、あながち偶然ではないだろう。

とはいえ、すぐさま反論も生じてくるに違いない。ベルクソンにおいては、知覚にそんな重要性は与えられていないのではないか、と。たしかにその通り。たとえば『物質と記憶』あたりでは、知覚はたかだか、「現実的行動の中心」（すなわち身体）によるイマージュの縮減でしかなかったはずである。人間の人間たるゆえんは記憶こそがになうのだとしてみれば、知覚にこれほどの賭金を積むのはベルクソンに悖（もと）る行為と言うべきではなかろうか。

ところが、ベルクソンの知覚には、もう一つの側面も考えられるのだ。一九一一年にオクスフォードでなされた講演「変化の知覚」の第一部には、それがはっきりと示されていた。そこでのベルクソンは、「概念的思考はどんなに抽象的であっても、出発点はいつも知覚の中にある」と宣言する。そして、知覚を掘り下げ、拡張していくため、その中に沈み込むべきだと言う。そうすれば私たちは、感覚や意識によって与えられたものを少しも犠牲にすることなく、ついには、自分の外に何一つ残すもののない統合的な哲学を得ることができるだろうと説くのである。

メルロ＝ポンティが援用しようとしていたのは、この知覚であった。もっとも、『物質と記憶』の段階でさえ、仔細に読めば、こうした知覚の可能性は垣間見られもするはずで、物質についての私たちの知覚は、感情や記憶を捨象するならば「少なくとも原理上」(25)相対的でもなければ主観的でもない、ということが述べられているのである。

こうしたベルクソン的な背景を持ちながらゲシュタルト学説をはじめとする「実験心理学や神経学」の成果を渉猟すればどういう結論が得られるか。それについては後の『行動の構造』を読む際にじっくり考えてみたいと思っているが、さしあたり、こうした周辺諸科学の成果を哲学の中に取り入れようとすること自体、やはりすぐれてベルクソン的だと言うべきであるだろう。

(25) ベルクソン『物質と記憶』田島節夫訳　白水社　五八ページ

現象学との出会い

　こんなふうにしてメルロ＝ポンティの第一歩は踏み出される。ここから向こう一年間、彼は国立科学研究所（サントル・ナシオナル・ド・ラ・ルシェルシュ・シアンティフィック）研修員の職につき、翌一九三四年には上記奨学金の支給に対する研究結果報告書が作成されることになる。その報告書は「知覚の本性」と題され、計画書に比べるとかなり充実したものになっているが、大半は、やがて執筆される『行動の構造』や『知覚の現象学』の粗描にとどまっているため、ここで詳細に立ち入る必要はないだろう。ただし、特筆すべきは、計画書で言及されることのなかった現象学についての記述が、「知覚の哲学」の部分に突然現われてくることである。

　おそらくこの一年、メルロ＝ポンティは「実験心理学や神経学」ばかりでなく、現象学の成果をも集中的に取り入れようとしたらしい。文献表から見る限り、現象学関係で彼が読んだものには、フッサールの『イデーン』第一巻、オイゲン・フィンクの「現代の批判にさらされたフッサールの現象学的哲学」および「現前化作用と像」、アロン・ギュルヴィッチの「主題化と純粋自我の現象学」、リンケの「運動把握の問題に関する現象学と実験」などがあげられる。

　当時、現象学は、メルロ＝ポンティたちの間で一種の流行の観を呈していた。すでに逸話となっているサルトルの現象学との出会いも、一九三二年の出来事である。

私たち〔ボーヴォワールとサルトル〕は彼〔レイモン・アロン〕とモンパルナス街のベック・ド・ガーズで一夕を過ごした。その店のスペシャリティーであるあんずのカクテルを注文した。アロンは自分のコップを指して、

《ほらね、君が現象学者だったらこのカクテルについて語れるんだよ、そしてそれは哲学なんだ！》

サルトルは感動で青ざめた。ほとんど青ざめた、といってよい。それは彼が長いあいだ望んでいたこととぴったりしていた。つまり事物について語ること、彼が触れるままの事物を…そしてそれが哲学であることを彼は望んでいたのである。(26)

これによってサルトルは、現象学を真剣に研究しようと考え、翌年からベルリンのフランス学院に滞在し、その吸収に努めることとなるだろう。「彼は帰国すると私ども全員に、たとえばフッサール、シェーラー、ハイデガーなどを読むよう勧めました(27)」と、そうメルロ＝ポンティは回想している。まさしく一九三四年に符合するわけである。もちろんメルロ＝ポンティも、単にサルトルの

---

(26) ボーヴォワール『女ざかり』上　朝吹・二宮訳　紀伊国屋書店　一一五～一一六ページ

(27) 『知覚の本性』一〇五ページ

促しがあったから現象学を研究し始めたわけではない。同時代の風潮というか、時代の要請というか、両次大戦のはざまに位置し、それまでの理性的・主知主義的な哲学ではもはや立ち行かないと感じる「輝かしい世代」の人々は、まずは、自分たちへの事象の「現われ」をしっかり吟味するところから始めるこの学問を、同時並行的に見出していたのである。

現象学のフランスへの紹介は、おおよそ一九一一年、ヴィクトール・デルボスの『フッサール、その心理学主義批判と純粋論理学の構想』にまでさかのぼるが、研究が本格化するのは、ようやく一九三〇年代になってからのこと。きっかけとして、一つには、現象学の創設者エトムント・フッサールその人による一九二九年のパリ講演があり、もう一つには、三〇年にあいついで出版されたジョルジュ・ギュルヴィッチの『ドイツ哲学の現在の諸傾向』とエマニュエル・レヴィナスの『フッサール現象学の直観理論』という二冊の書物があった。

フッサールのパリ講演にはメルロ゠ポンティも出席しているが、ガンディヤックの回想によれば、彼はこの時、まだドイツ語に習熟してはいなかったらしい。ともあれ、この講演、三一年にはレヴィナスとパイフェルの仏訳で『デカルト的省察』として刊行されるので、上記二冊の書物とともに、メルロ゠ポンティの関心を三四年まで惹きつけてゆくには充分な力があったことだろう。それが証拠に、以後、彼の座右の銘となるフッサールの言葉「まだ黙して語らない経験をこそ、その経験自身の意味の純粋表現へともたらすべきである(28)」は、まさしく、この『デカルト的省察』の一節なのである。

ちなみに、ギュルヴィッチの書は、一九二八年からこの社会学者がソルボンヌで続けてきた自由講義の中身をまとめたものだし、レヴィナスもまた前記の著作に先駆け、二九年には、「E・フッサール氏の『イデーン』について」という重厚な書評を発表している。それればかりではない。フッサールの下で学んだ牧師＝宗教学者ジャン・エリング〔ヘリング〕も、二六年には『現象学と宗教哲学』という一書を公刊。当時フランスに滞在していたレオン・シェストフとの間でフッサールをめぐる論争をまき起こし、物議を醸していた。これらのことを鑑みれば、一九三〇年前後のフランスにおいて、いかに現象学が注目を集めるようになっていたか、容易に想像もつこうというものだ。(29)

メルロ＝ポンティの初期作品(30)

一九三四年、メルロ＝ポンティはパリの南、大聖堂のステンドグラスで有名なシャルトルの高等

(28)『知覚の現象学』1－一五、2－二七ページ、『眼と精神』二九八ページ、『見えるものと見えないもの』一七八ページ参照
(29) フランスへの現象学の移入については、箱石匡行氏の『フランス現象学の系譜』世界書院が詳しい。
(30) ここで取り上げた初期作品の邦訳は、全てメルロ＝ポンティ『知覚の本性』に収録されている。

中学に赴任するが、その翌年、ついに母校の高等師範学校に戻り、復習教師(カイマン)の職につく。こうして彼は、いよいよパリに居を定め、執筆に時間を割けるようになるのである。この年、初めて思想誌に寄せた論文は「キリスト教とルサンチマン」。内容は、ニーチェのルサンチマン理論を、マクス・シェーラーを援用しながらくつがえすというものだ。

周知のごとく、ニーチェは『道徳の系譜』において、キリスト教道徳がルサンチマンに淵源をもつ「価値の転倒」によって成り立っていると主張する。確かにこれは、道徳一般を考える上では貴重な指摘であるだろう。だが、シェーラーによれば、そんなふうに「意識に現われるすべてのものが生理的かつ生命的な因果性の直接的あるいは間接的な産物であると認めることは、根拠のない公準に過ぎない」。むしろニーチェの態度こそが、生の多様性を切り縮めてしまう生物学的一元論の価値狭窄化現象なのではないか…。

こう論じていくメルロ゠ポンティの狙いは、シェーラーの批判をフッサールの経験論批判と重ね合わせることによって、私たちの意識が生命維持にのみ用いられているわけではないことを確認するところにあった。意識は、直接、現われるがままに記述されるべきである。そうすれば生も、単なる維持体系ではあり得ず、自己否定によって自己を成就するものでさえあることが理解されるに違いない。これこそ、生の豊饒・過剰・横溢であり、精神的と呼ばれるべきものである。

だとすれば、生命的なものが機械的なものに還元されないのと同様、精神的なもの（あるいは宗教的なもの）もまた生命的なものには還元されえない。ここには『行動の構造』で定式化されることになる「物理的」「生命的」「人間的」という構造化の三秩序が先取りされてもいる。さらにまた、精神的なものが生命的なものの自己否定によって出現するのであれば、「神の国は〈高み〉であったり、現世からかけ離れていたりするわけではない」ことにもなるだろう。メルロ＝ポンティはこうした論理によって、現象学の可能性を探りつつ、自己の信仰との折り合いをつけてもいるのである。

翌一九三六年には、『存在と所有』という一文が書かれている。これはガブリエル・マルセルの同書の書評だが、当時マルセルは、現象学派ではなくとも、エリングあたりから「独立の現象学者」と呼ばれるほどの立場をとっていた。メルロ＝ポンティもまた、そうした彼の方向性に焦点をしぼり、さまざまな断章からなるこの著作の内に、人間認識の不当な切り下げに異議を唱えるマルセルの姿勢を見出しているのである。

従来、人間認識のモデルは「無生気な事物に対する静観」に置かれており、だからこそ「主観―客観」あるいは「コギト―コギタトゥム」の二分法が生じる理由もあった。そこでは、哲学者自身が自己の身体を疎外しているわけであり、不毛な「心―身」問題も、すべてはこのモデルに由来する。マルセルの抗議はひとえにそこに向けられている、と、メルロ＝ポンティは見るのである。この時、彼の内では、あのロドリーグによって火をつけられた「他者の問題」「心身の問題」が、にわかに形を取り始めていたのに違いない。

ともあれ、こうした認識論に対する処方箋もまた、マルセルの行なう「自己身体」の分析から汲み取られる。そこに人間認識のモデルを探れば、素朴な確信の根拠はコギトではなく私の身体の意識となり、私は私の身体であるということになるだろう。もちろんその場合、私の身体とは、マルセル流の「私が在るところのものと持つところのものとの境目」すなわち「存在と所有との境界」として考えられねばならない。この身体観は、まさしくメルロ゠ポンティの「習慣的身体」や「現象的身体」へと受け継がれていくことになるのである。

しかし、自己身体の分析は、まだ一般的方法の初歩的な試みでしかなく、「認識の新しい型」の手近な実例でしかありえない。それは、さらに、現象学的な方法を介して探究の一般的な領野を開き、心のあらゆる作用へと広がってゆく必要がある…。ここでもまたメルロ゠ポンティが強調しているのは、そうした考察をもとに「知性を装備し直し」「自分たちの用いるカテゴリーを鋳直す必要がある」ということに他ならない。

さらにこの年、彼はもう一つの書評「J・P・サルトル『想像力』」をも発表する。これは、現象学的「意識」を楯にして思想界に切り込んだ盟友サルトルへの援護射撃であるとともに、二人の差を際立たせるような一文にもなっている。しばしば、サルトルは中期フッサールを継承し、メルロ゠ポンティは後期フッサールを継承した、というようなことが言われるが、まさしく然り、両者の現象学観はかなりの程度違っているのである。

メルロ゠ポンティのここでの努力の大半は、デカルトからベルクソンまでの諸家が唱えたイマージュ理論を次々に論駁するサルトルの行論を丹念に追い、そのすべてを「イマージュ概念の改革」

「心理学が無批判に使用している概念の見直し」へと収斂させることに注がれていた。だが、そこでも彼は、サルトルとともにフッサールの形相心理学や超越論的現象学を称揚しつつ、むしろそれらが「実験心理学や帰納心理学にとってかわろうとしているのではない」こと、それらが「経験を無視するためのいかなる口実でもなく、逆に経験の意味を了解するための方法である」ことの方を強調する。

こうした微妙なニュアンスは、ベルクソンに対する両者の評価の違いにも表われてくるが、メルロ＝ポンティが素材と形式との区別を徹底して拒否し、フッサールのヒュレーとモルフェーとの区別に対して疑義をさし挿んでいるのは、彼のその後の現象学的態度を考えるうえでも、サルトルの思考法が「透明な」ものであるとする彼の批判を考えるうえでも、注目すべき一文ではあるだろう。

なお、この年には、アロン・ギュルヴィッチの「ゲシュタルト心理学の種々相とその展開」という論文が公刊され、これにはメルロ＝ポンティも協力しているのだが、彼の担当した箇所は特定できない。ともあれ、この時点でメルロ＝ポンティがゲシュタルト学説にかなり精通していたらしいこと、また、学説の摂取において、ギュルヴィッチの深い影響を受けていたらしいことなどは、充分そこに看て取れる。

メルロ＝ポンティのフッサール文庫訪問

こうしている間にも、戦争の影は次第にヨーロッパ全土を覆いつつあった。フッサールは一九三八年の四月にフライブルクで死去。残された膨大な遺稿も、彼がユダヤ系であったことから、ヒトラー政府によって葬り去られる恐れが生じていた。ところがここに、ベルギーで博士号の準備をしていた二七歳の若きヴァン・ブレダ神父が現われ、彼の仲立ちで全遺稿がルーヴァン大学に移送され、秋には何とか「フッサール文庫」が設立される運びとなる。この間の波乱万丈の遺稿救出劇は、神父自身の手になる「フッサールの遺稿救出とフッサール文庫の創設」[31]に詳しいが、それが一段落した翌年の四月、文庫に初めての来訪者がやってくる。メルロ＝ポンティであった[32]。

彼はルーヴァンに一週間滞在して、フィンクにも会い、まずは、『イデーン』第二巻の速記原稿を閲覧。いや、正確には、速記原稿からランドグレーベが作成していたトランスクリプションを閲覧する。次に、当時D17と呼ばれていた「根源的構成」についての原稿にも目を通した。この原稿にはフッサール自身の手で「通常の世界観によって解釈されているコペルニクス説の転覆、原＝方舟としての大地は動かない。自然科学的な最初の意味における自然の物体性・空間性の、現象学的始源についての基礎的研究。不可欠のあらゆる始源的研究」と書かれていたというのだから、これは、今日なお現象学者たちの興味を惹き続けている『幾何学の起源』の姉妹原稿とでも言うべきものであるだろう[33]。そこで思い出されるのは、同三九年の一月にパリで『国際哲学雑誌（ルヴュ・アンテルナショナル・ド・フィロソフィー）』

がフッサール特集号を刊行し、これに「志向的＝歴史的問題としての幾何学の起源についての問い」が収録されていたことだ。どうやらメルロ＝ポンティは、かなり系統的にフッサール文献を渉猟していたように思われる。

三番目に閲覧したのは、『ヨーロッパ諸学の危機と超越論的現象学』の二八節から七三節まで。ちなみにメルロ＝ポンティは、当時プラハで公刊されていた『経験と判断』にも、ここで接することができたという。つまり彼は、フッサールの愛弟子を除けば誰よりも早く、晩年のフッサール文献と出会っていたわけである。

メルロ＝ポンティは再訪を期してパリに戻るが、九月には独仏間にも戦争が始まる。彼は八月から召集され、四〇年の九月まで軍務に服することとなるだろう。希望は叶わず、ベルギーもまた、翌年ドイツ軍によって蹂躙されてしまうのである。けれども、たかだか一週間のルーヴァン滞在が、メルロ＝ポンティの哲学に寄与するところは大きかった。

ジェラートが指摘していることだが、『行動の構造』の脱稿は一九三八年。『知覚の現象学』の完

(31) フィンク他『フッサールと現代思想』立松弘孝他訳　せりか書房所収
(32) H・L・ヴァン・ブレダ「モーリス・メルロ＝ポンティとルーヴァンのフッサール文庫」前田耕作訳　『現象学研究』創刊号　せりか書房所収
(33) メルロ＝ポンティ『フッサール『幾何学の起源』講義』伊藤・本郷・加賀野井訳　法政大学出版局、デリダ『エドムント・フッサール『幾何学の起源』』田島・矢島・鈴木訳　青土社、参照

成は四五年。だとすれば、メルロ＝ポンティのフッサール文庫訪問は、二冊の学位論文のはざまで生じていることになる。これこそが両著作の間に認められるスタイルの違いを説明するものではないか、と、そうジェラートは考えるのである。もちろん、主にゲシュタルト心理学との対話から生まれてきたものが『行動の構造』、現象学との対話から生まれてきたものが『知覚の現象学』だと考えれば充分に説明はつくものの、確かに、両作品の叙述のスタイルが違っているのは否めない。まあ、実はそれもそのはず、彼は以後も戦時下で、フッサールの遺稿と断続的に接触し続ける幸運に恵まれていたのである。いきさつはこうだ。

一九四二年になると、フッサールの遺稿にとっては、もはやルーヴァンでさえ安全な場所ではなくなっていた。そんな中でヴァン・ブレダ神父は、パリの哲学者たちに支援を求め、遺稿をフランスに移そうとする。だが、フランス哲学会の重鎮たちは二の足を踏むばかり。ついに彼は、高等師範学校の若き哲学者たちを頼みの綱とし、とりわけメルロ＝ポンティには、みずからの論文（この論文の補遺には、いわゆる「ブリタニカ論文」など五つのテクストが収録されていた）さえ託すことにしたのである。

結局、文庫全体のパリへの移送が実現することはなかったが、かなりの遺稿（『デカルト的省察』のドイツ語テクスト、『危機』の第三部、『現象学の理念と方法』、C草稿群を含む時間性を論じた四二の文献資料）がメルロ＝ポンティとチャン・デュク・タオの二人に個人的に託され、彼らのもとで四六年暮まで保管されていたのだった。

この間、ヴァン・ブレダに宛てて書かれたメルロ＝ポンティの手紙からは、ドイツ軍の占領下に置かれた彼らの状況がひしひしと伝わってくる。

友人のイポリットとサルトルにも相談した結果、私たちはここにいま、フッサール研究センターを創るのに必要な諸条件を有していると考えます。もしお望みとあらば、ル・センヌ、ラヴェル、あるいは前世代に属する教授のどなたかと連絡をとることは、私たちには容易にできましょう。私は、どちらかといえば私と同世代の人々の目論見の方により信頼を置いておりますが…。

タオからあなたに申し上げると思いますが、われわれ、つまり彼と私には、供託される物の保管を引受ける覚悟ができております。

やがて彼は、サルトルらとともに「社会主義と自由」というレジスタンス・グループにも参加するのだが、こうしたフッサールの遺稿救出劇もまた、それに劣らぬ知識人たちの抵抗運動を表わすものであるだろう。

メルロ゠ポンティはケチな小物だ！——ジャンケレヴィッチの爆弾発言

　こうして私たちは、メルロ゠ポンティが『行動の構造』と主著『知覚の現象学』とを発表する時期にたどり着き、彼の形成期を読むという試みも、いよいよ結末を迎えることになる。誕生、家系、就学、そしてロドリーグとの出会い。あるいはまた、ボーヴォワール、サルトル、さらには「輝かしい世代」との出会い。信仰。ザザとの邂逅と別離。母のスキャンダル…これらの「具体的な生」を通じて、メルロ゠ポンティは哲学に開眼し、ベルクソン、ゲシュタルト学説、現象学を次々に渉猟してゆくわけである。いかがだろうか。出生の秘密を背負いながら、恋あり、学問あり、そしてレジスタンスにまで邁進しようとする彼の形成期を知るのも、あながち興の湧かぬことではないだろう。

　ところで、レジスタンスといえば、これにちなむメルロ゠ポンティの実生活に対し、一つの強力な異議申し立てがなされている。私たちは最後にそれを吟味しながら、「初期メルロ゠ポンティを読む」試みを全うすることにしよう。この異議を無視できないのは、申し立て人が、あの清廉潔白で知られるウラディーミル・ジャンケレヴィッチであるからだ。

　ジャンケレヴィッチは一九八五年に逝去しているが、生前、『リベラシオン』紙のため、ジャン゠ピエール・バルー、ロベール・マジオリの二人を相手とする対談を残しており、これに死後発表の許可を出していたという。当然ながら、彼の死の直後、対談は六月八・九日号と一〇日号との二回に分けて掲載されたが、後者の中には、メルロ＝ポンティに対する爆弾発言が隠されていたのである。少し長くはなるが、引用しておこう。

メルロ＝ポンティについて、私に語らせないで下さいよ。サルトルは偉大なる左翼人でしたが、メルロ＝ポンティは本当にケチな小物でした。私は〔ノートルダム大聖堂の横手〕ケ・オ・フルールの一階に二部屋のアパルトマンを持っていたのですが、奇妙な戦争のため、またもう一つの戦争のためにも、ここを離れねばならなかった。〔…〕ある日、メルロ＝ポンティから手紙が届き、もしよければ、私のアパルトマンに住みたいというのです。彼にはもうすぐ子供が生まれるところでしたし、私はこう返事しました。「いいだろう、住みたまえ。勝利の後でまた会おう。」いつか自宅に帰れるのかどうか、私にはまるで分かりませんでしたがね。しばらくの間、彼は律儀にあらゆる領収書を送ってきました。私に支払えというわけです。私は一銭たりとも払わず、こう答えてやりました。「いいか、自分で何とかしろ。きみがそこに住みたいんだったら、家賃も払うんだな」と。その後、私はもうそんなことには関わらず、彼も子供が生まれると引越し、私たちは戦後再会したというわけです。

あなた方に言っておかねばなりませんが、私にはピエール・グラパンという友人がいます。彼は六八年〔五月革命〕にパリ大学ナンテール校の学部長を務めていたため、学生たちには不評ですが、偉大なるレジスタンスの闘士でした。歴戦の勇士で、彼らが閉じ込められていたリヨン刑務所から脱走したこともあります。メルロ゠ポンティは同期生でしたので、彼は昔なじみに会いに行き、「協力が必要だ。ぼくたちに手を貸してくれないか」と申し出ました。それは戦争末期の一九四三年か四四年のこと。最も辛く厳しい時代で、レジスタンスの組織網は解体され、被害甚大でした。そこで彼は、何もしていなかったメルロ゠ポンティに会いに行ったわけです。

メルロ゠ポンティはケ・オ・フルールの我家にいました。彼はこの訪問を少しも喜ばず、グラパンにこう答えます。〔…〕「二週間ほどしたらもう一度寄ってくれ。考えとくよ。」グラパンは「あまり考え過ぎないでくれ。急を要する。ぼくたちはひどく危険な状態にあるんだ。」と言い残し、それでも二週間後に再訪しました。すると、メルロ゠ポンティはこう答えたというのです。「きみ、よく聞いてくれ。ぼくは今、学位論文の準備に忙しいんだよ。」

メルロ゠ポンティの死に際し、新聞各紙には「コミット(アンガジェ)した哲学者」という見出しが掲げられたので、私は当時の『ヌーヴェル・オプセルヴァトゥール』誌に手紙を書こうかとも考えたのですが、どうにか思いとどまりました。あの時、私の知っていることをぶちまけていたら、どうでしたかね…。

メルロ＝ポンティの名誉回復

支払いをめぐる諍いなどは、当事者間の微妙な行き違いから生じるものでもあれば、今さら論じてみても詮無いこと。だが、レジスタンスの勇士に対する彼の仕打ちは、それが本当だとすれば、メルロ＝ポンティ思想の根幹を揺るがすことにもなるだろう。当然ながら、すぐさま『リベラシオン』紙とジャンケレヴィッチとに対する反論が巻き起こった。一二日の同紙には、早速、ジャンケレヴィッチの娘のコメントが発表されている。

私は、六月八日および一〇日付の『リベラシオン』紙に掲載された父のインタヴュー記事を、悲しい思いで読みました。私には法的立場しかありませんが、父は決して生前、この対談に収められたような事柄の公表を許可する契約書など作成してはおりません。『リベラシオン』が記しているような没後公刊の意図があったとは思えませんし、法的にも認めがたいことです。私は今後、父の作品の相続人として、精神的権利の保持者として、私の書面による許可がない限り、彼によって書かれたいかなる文書も、彼によって語られたいかなる事柄も、それが記録されたものであってさえ、一切の死後公表を禁ずるものであります。

ソフィー・ジャンケレヴィッチ

一七日になると、今度はメルロ＝ポンティ夫人シュザンヌからのコメントが掲載された。彼女は、アパルトマンの支払いのことも、レジスタンスの同志を追い返したことも、根も葉もない中傷だと主張し、その末尾に、メルロ＝ポンティ逝去の際にジャンケレヴィッチから送られてきた悔みの手紙を添えている。これが本心からの弔意でないとしたら、ジャンケレヴィッチは、とんだ食わせ者であるというわけだ。

親愛なる奥様
本日の午後、ご主人ご逝去の報を知り、ただただ衝撃を受け、気が動顛しております。これは今日の哲学に穿たれた大きな空虚にほかなりません。貴女を襲ったご不幸は、今日の哲学を襲った不幸でもあります。親愛なる奥様、私たちは、悲嘆と大いなる悲しみとを共にいたしております。この予期せぬ残酷な試練の中で、心より貴女のことを案じております。これに耐えるべく、お心を強く持たれますよう。私どもの親しく深い共感をお受け下さい。
V.・ジャンケレヴィッチ

一八日には、シモーヌ・ドゥブー＝オレスキエヴィック、ジャンとドミニック・ドゥザンティ、クロード・ルフォールらのメルロ＝ポンティ擁護論が載せられる。いわく、彼は「自宅の非合法出版物が摘発される危険や、ゲシュタポの鼠捕りに遭う危険をも顧みず、共産主義学生同盟の書記たちを救ってくれた。」「『社会主義と自由』の指導者であり、論説委員でもあった。」「ジャンケレヴィッチの言うような不誠実な返事がぬけぬけとできる人物ではない。」「ひょっとしたらジャンケレヴィッチのためにアパルトマンを護ろうとしたのではないか。」「ジャンケレヴィッチは、こんなことを言うために、なぜ四〇年も待つ必要があったのか。」「そんな卑怯な行為をなぜ生前にとがめなかったのか。」「ドイツ哲学に対する反発で血迷っているのではないか。」『リベラシオン』紙はメルロ＝ポンティばかりでなく、ジャンケレヴィッチの思い出をも傷つけた。」…等等等。

もちろん、これだけでは水掛け論でしかない。だが、ついに弟子のルフォールは、師の嫌疑を晴らすための名案を思いついた。何のことはない。渦中の人物であるピエール・グラパンは健在なので、彼の言いぶんを聞いてみればいいのである。ルフォールは彼に手紙を書き、グラパンはすべてが事実無根であることを証言した。ジャンケレヴィッチがなぜこんな根も葉もないことを語ったのか、未だに謎は解けないが、レジスタンスの闘士グラパンが、メルロ＝ポンティに「変わらぬ友情と敬意とを抱き続けている」ことだけは、まぎれもない事実である(34)。

(34) Claude Lefort, *Merleau-Ponty en accusation Mise au point*, in *Esprit*, oct. 1985, pp. 83-86

『行動の構造』

「行動」の分析に隠された哲学再考のもくろみ

『行動の構造』は一九三八年に書かれ、四二年に公刊された。大戦さなかの出版であったことは特筆しておくべきだろう。メルロ＝ポンティにとって、この書は、初めての本格的な著作であり、四五年の『知覚の現象学』とともに学位請求論文にもなっている。現代の哲学者ともなれば、好むと好まざるとにかかわらず、まずは先人たちへの批判的作業から始めねばならないのが世の定め。メルロ＝ポンティもまた、ご多分にもれず、本書をその作業にあてている。彼はここで、さまざまな学説が拠って立つ存在論的な基盤を吟味しようとしているため、叙述は、およそ学術的にして無味乾燥。後の詩人的なスタイルは目立たない。

冒頭は次の言葉で始められている。

> われわれの目的は、〈意識〉と〈自然〉――有機的、心理的、さらには社会的な自然――との関係を理解することである。ここで自然とは、たがいに外的で、因果の諸関係によって結ばれた多様な出来事を意味する。(1)

「意識」と「自然」との関係を理解するとは、当然ながら、哲学史で言い古されてきた「心」と「物」との関係、もしくは「主観」と「客観」との関係を理解することに他ならない。また、「たがいに外的」というのは、「物」のように、それ自体では意味も価値も持たず、たがいに因果関係でしか結ばれていないようなあり方を示している。たとえば物体Aが、ある質量と速度とで物体Bにぶつかれば、Bは必然的に、ある速度で、ある方向に転がっていく、というような関係だ。

すべての運動に摩訶不思議な原因が考えられていた時代ならばいざ知らず、私たちは日頃、ごく一般的に、物の運動をそんなふうに理解している。そして、ゾウリムシやアメーバの「行動」についても、それが一定の刺激を受ければ一定の反応を示すといった知見から、物の「運動」をあてはめ、これを因果関係の連鎖や複雑化によって説明しようとする。いや、そればかりではない。もっと高度なイヌ・ネコの行動でも、あるいは人間の行動でも、私たちはやはり、そのように考えがちではないだろうか。

つまり、物理学的な「原因」と「結果」との関係は、生物学的なレベルにおいても「刺激」と「反応」との関係として捉えられ、やがては現代、最先端の人間科学にあってさえ、「外部からの刺激が神経系によって伝達され、それが脳にまで達すると…」というような物言いがなされることになるわけだ。だが、本当にそうなのか。さまざまな行動は、そんな因果の連鎖によって説明されるものだろうか。

メルロ゠ポンティは、本書の出発点にこの問いを置き、「行動」の概念を分析する。行動は、実のところ、「意識」と「自然」との関係を理解するために、彼によって選びぬかれた分析対象なのだ。なぜなら行動は、それ自身においては「心的なもの」と「生理的なもの」との古典的区別に対して中立的であり、そうであればこそ、こうした区別そのものを、あらためて定義し直す機会を私たちに与えてくれるものだからである。つまるところ、行動概念の分析には、背後に、物心や因果の概念さえ練り直そうとする哲学再考の遠大なもくろみが秘められていたと言うことができるだろう。

メルロ゠ポンティは、行動に関する科学者たちの説明体系を、それが生まれてきた元の膨大な量の「経験の報告」へと送り返し、吟味する。したがって、ここでの彼は、自然的な経験の水準ではなく、科学的な経験の水準に位置している。だが同時に彼は、徹頭徹尾、科学批判的でもある。なぜなら、科学的な探究のおかげで行動を構成していることが明らかになった事実の総体が、当の科学が採用している存在論的言語によっては理解できないものだということを証明しようとするからである。

（1）『行動の構造』二一ページ（以下、本書についてこの章では、ページ数のみ記すこととする）

反射行動の吟味——要素からゲシュタルトへ

行動をめぐる従来の考え方は、デカルトの『精神指導の規則』よろしく、複雑なものを単純なものに還元し、行動を作りあげている恒常的な要素を発見して、それら要素の離合集散から、あらゆる行動を説明しようとしてきた。「古典的反射学説」は、その典型例であるだろう。

メルロ＝ポンティは、まず、このあたりを吟味する。反射学説によれば、有機体の行動は、その有機体がもつ受容器を介して、一対一に対応するはずの「刺激」と「反応」とによって生じるものと考えられてきた（恒常仮説）。たとえば光は、私の網膜に刺激を与える物理的動因と見なされる。それは、一定の局所的受容器に作用をおよぼし、一定の経路をへて、一定の反応をひき起こす。光が私の網膜に刺激を与えると、この刺激が、何らかの効果筋との間にあらかじめ設定されている相関関係によって、光をつねに視野の中心に保っておこうとする凝視反射をひき起こすというわけだ。当然ながらそこには、有機体が「見つめる」「探す」といった「意図」や「価値」を持ちこむ余地はない。いかにもドライな「科学的」理論ではあるだろう。

ところがここに、これを疑問に付すような一つの事実がある。サルの眼球の内側筋を、ふだんは外側筋を制御している神経線維に接続し、外側筋を、内側筋を制御している神経線維に接続するという「マリナの移植実験」である。(2) この移植をほどこしたサルを暗室に入れ、右に現れる光点を示すとどうなるか。反射学説からすれば、目は左を向くに違いない。だが、不思議なことに、やはりサルは、正しく右の光点に目を向けるのである。

そればかりではない。さまざまな観察をつぶさに検討してみれば、むしろ、反射学説が前提とするような一義的な反射のほうが稀なのだ。実際には、同一の刺激が異なる反応をひき起こすこともあれば、異なる刺激が同一の反応をひき起こすこともある。

たとえば、「私が歩いていて足を木の根にぶつけると、突然、足の屈筋が弛緩し、有機体はこの弛緩をすすめて私の足を解放しようとする。逆に、もし私が下り坂で足を踏みそこね、足底よりも先に踵が強く地面にふれるとすれば、この時もまた、屈筋はとっさに弛緩するけれど、有機体はただちにそれを収縮させるよう反応する」[3]。あるいはまた、「膝蓋骨の下に衝撃を与えると、その脚が他方の脚の上に組まれていれば伸展反応を起こし、その脚が力をぬいて伸ばされているならば屈曲反応を起こす」[4]。さらに「少量のアドレナリンは、血管筋の緊張が高ければ高いほど、血圧を降下させる。だが胃の筋肉が弛緩している時には、かえって緊張を高める働きをするだろう」[5]……等等等。

(2) 六八ページ
(3) 七八ページ
(4) 四六ページ
(5) 五三ページ

どうやら反応は、有機体の体液的・姿勢的な条件や、先行反応の有無などによって大きく左右されるものらしく、結局、刺激と一対一に対応するよりもむしろ、状況を考慮に入れているのではないかと思われてくるのである。メルロ＝ポンティのこうした疑問に満足のいく答をもたらしてくれたのは、ゲシュタルト学説だった。

第一章でふれておいたように、彼は、当時ドイツでにわかに脚光を浴びつつあったケーラー、コフカ、レヴィン、そしてゴルトシュタイン、ヴァイツゼッカーら、ゲシュタルト学説をとなえる人々、あるいはそれに近い人々の文献を渉猟し、「刺激」を以下のように捉え直すことになる。

> 刺激という概念は、有機体が、受容器のうえに場所的・時間的に散らばっている興奮を集め、そしてこのリズムとか形とか強度の割合など、要するに局所的刺激の全体的形態という〈理念的存在〉に〈身体的存在〉を与えようとする有機体の根源的な活動に、かかわっている。(6)

私たちは点的な刺激をバラバラに受けとるのではなく、刺激はすでに、ある一つの「形態(ゲシュタルト)」として私たちに働きかけてくるのではないか。そしてこのゲシュタルトこそが、ベルクソン流に言えば「意識への直接与件」なのではあるまいか…資料を参照すればするほど、メルロ＝ポンティにはそう思われてきたのである。

たとえば、ある唄を耳にするような時、私たちは、高度に訓練された音楽家でもないかぎり、決してそれを正確な音階として記憶するわけではないだろう。個々の音よりも前に、まずは、全体的なゲシュタルトがある。だからこそ私たちは、たとえ正確な音程は取れずとも、おおよそのメロディーを再現することができるのではないか。誰もが、「ドレミファソラシド」と口ずさみながら、ミの高さからでも、ソの高さからでも、それらしいメロディーを作れるし、自分自身の声域を越えた唄でも、とっさに低い音に転調して歌うことができる。いや、そればかりではない。あるメロディーをピアノで弾くか、ヴァイオリンで弾くかによって、実は、個々の音の物理的特性はまったくちがっているのに、なぜ人はそこに「同じ曲」を聴き取ることができるのだろうか…。

そう考えていくならば、私たちは、ついに根本的な問い直しを迫られるに違いない。ひょっとすると、刺激と反応との離合集散から有機体の行動を考える古典的反射学説の発想そのものに誤りがあったのではないか。あるいはまた、その発想の大前提となっている、複雑なものを単純なものに還元しようとする近代の「要素論的な」考え方に問題があったのではないか、と。

（6）五八ページ

ゲシュタルト——意識への直接与件

古典的反射学説は、刺激と反応との一対一対応を前提にする。そのため、予想外の反応が生じた場合には、本来の反応を制止したり変化させたりするような器官や作用を想定しなければならなかった。それでも説明がつかなければ、なお屋上に屋を架し、「制止の制止」を考えたり、新たな器官をつけ加えたりすることになる。だが、そんな説明は、本当に事態を明らかにしているのか。ひょっとすると、大前提となっている「恒常仮説」を守るため、実は、つぎつぎと弥縫策が講じられているだけではないのか、とメルロ＝ポンティは問いかける。

たとえば、足裏を刺激すると拇指が甲側に屈曲するバビンスキー反射というものがある。古典学説によると、この反射は、下等動物にとっては意味もあるが、人間ではそれが失われ、制止されてしまったと考えられている。それが証拠に、この反射は、生後二年ほどで消失するのが常であり、その後も観察されるようであれば、錐体路の異常が疑われなければならない。つまり、バビンスキー反射は、制止の制止とみなされているわけだ。

ところが、この反射、実際には錐体路の異常がなくても起こり得るし、異常がある場合ですら、体位によって変化する。検査にあたり、被験者が背位で脚を伸ばしていると、それは顕著に現われるが、腹位になったり脚を膝関節や股関節で曲げていたりすると、不思議なことに、消失してしまうのである。

もちろんこれらは、状況を考慮に入れるゲシュタルト学説からすれば見易い道理であるだろうが、古典的反射学説にとっては、そうは問屋がおろさない。ある場合には、制止が制止され、別の場合には、さらにそれが制止されるといった辻褄あわせが必要だし、同時に、制止する器官、制止を制止する器官などを、そのつど想定せねばならなくなる。これをしてメルロ＝ポンティは「ちょうど〔天動説を唱えた〕プトレマイオスの体系が、自らを事実と合致させるために多数の特別製の仮定を必要とするようになり、そのことでかえって自己の不十分さを明らかにしたようなものである(7)」と喝破する。つまるところ彼は、古典的反射学説をその極限にまで導き、ついにそれが自己崩壊する瞬間に立ちあうこととなるのである。

彼はそこから、ゲシュタルト概念の重要性を逆照射し、自己の視点を確立する。

このようにして刺激のゲシュタルトは有機体そのものによって、つまり有機体が自らを外の作用に差し出す固有の仕方によって、創造されるのである。もちろん存続してゆくためには、有機体は、自分の周囲でいくらかの物理的また化学的動因に出会わなくてはならない。けれども、有機体自身が、その受容器の固有の本性に応じ、神経中枢の閾に応じ、諸器官の運動に応じて、

(7) 三八ページ

物理的世界の中から自分の感じうる刺激を選ぶのである。環境は、有機体の存在に応じて、世界の中から切りとられるのだ(8)。

私たちには、紫外線は見えないし、一〇万サイクルの音も聞こえない。陽光の下から急に暗い場所に入れば、しばらくは何も判別できない。いわば、外的刺激は確かに存在するが、有機体はそこで自己の受容器に応じ、諸器官の運動に応じ、さらには先行し並列する刺激群との関係に応じて当の刺激を選びとる。つまり有機体は、自己の面前にその有機体にとっての対象をゲシュタルトとして描き出すのである。

このスタンスは重要だ。世界は厳然として在る。そこには物理的刺激も化学的刺激もあまねく存在していることだろう。ひょっとすると、それらの本性は、カントの「物自体」のように私たちには窺い知れぬものであるかもしれない。だが、私たちにその存在が知られるためには、私たちの条件に即し、それらが世界の中から切り取られるのでなければならない…。世界と私たちとの間に介在しているのは、まさしくこの「ゲシュタルト」なのである。

たとえば、あの有名な「ルービンの盃」を考えてみよう（図）。古典的反射学説からすれば、対象から与えられる刺激は同じはずな

⊙———「ルービンの盃」

のに、私たちはそこに「盃」を見ることもできれば、「向かい合った二つの顔」を見ることもできる。つまり、主観は対象によって一義的に決定されてはいないのだ。けれども、そうかと言って私たちは、この図の中に馬や羊の姿を勝手に見てとることはできない。つまり、主観が対象によって制約されていることもまた真実なのである。

結局、ゲシュタルトを直接与件として認めることは、実在論と観念論とのはざま、唯物論と唯心論とのはざまに位置することを意味している。おそらくメルロ＝ポンティは、先達ベルクソンが『物質と記憶』において確立しようとしたイマージュ一元論の立場を、このゲシュタルトの概念によって取り上げ直そうとしていたのに違いない。

真に実体の概念を放棄する哲学においては、ゲシュタルトの世界というたった一つの世界しか存在しえないであろう。(9)

(8) 二三二ページ
(9) 一九九ページ

ゲシュタルト心理学を超えて

　だが、すぐさま次のような反論が予想されることだろう。なるほど、「ゲシュタルト」の概念は、私たちの行動を理解するうえでは有効かもしれない。さまざまな有機体が、個々のあり方に応じて世界を切り取るさまが、これによってつぶさに理解されるのである。しかし、そんなものは所詮「有機体にとっての世界」に過ぎず、その背後にひそむ物理的世界には通用しないのではないか。あるいはまた、有機体が多くの刺激の中から、自分にとって意味あるものだけを選びとるのは、すでにベルクソンも言っていたように、生存のため当然のことではないのか……等々。

　これらの反論が正しければ、結局、ゲシュタルトは物理的法則に還元されてしまうだろうし、人間の行為も、つまるところは「生命維持」や「種の保存」といった目的しか持たないことになるだろう。事実、ゲシュタルト心理学者のほとんどは、さまざまなゲシュタルトの背後に「物理的ゲシュタルト」を想定し、そこにすべてを還元することによって、素朴実在論的な発想へと復帰することになってしまった。いきおい、ゲシュタルト的世界把握の背後にも、生命をめぐる功利的な意味以上のものを見出すことはできなかったのである。

　たとえばケーラーは、一九二〇年の論文「静止および定常状態にある物理的ゲシュタルト」によって、目に見えているものと脳内の生理現象とが同じ構造をもっているとする「心理物理同型説（イソモルフィスム）」を唱えたが、これなど、その典型であるだろう。だが、そんなことをすれば、彼らは、せっかく自分たちが発見した新たな可能性を台なしにしてしまう。メルロ＝ポンティはそう考え、一転してゲシュタルト心理学の帰趨を批判するとともに、そこから「ゲシュタルト」の概念を救い出そうとするのである。

ゲシュタルト学説も、純粋に構造的な考え方に伴うそうしたさまざまの問題を自覚しながら、実体の哲学にとって代るゲシュタルトの哲学にまで至ろうと努めてはいる。が、それは未だかつて、この哲学的分析の仕事を十分におし進めた試しはない。それというのも「ゲシュタルト」は、あらゆる心理学の要請である実在論的要請から解放された哲学においてしか、十分には理解することができないし、またその概念の含蓄もすべてを取り出すことはできないからである。(10)

では、その哲学的分析を十分におし進めてみればどうなるのか。メルロ＝ポンティは、いよいよ「真に実体の概念を放棄する哲学においては、ゲシュタルトの世界というたった一つの世界しか存在しえない」とする立場を、自前で展開してみせることになる。

(10) 一九八ページ

彼のやり方はいつもこうだ。しかるべき学説を見つけたら、まずは、ぴたりとそれに寄り添い、とことんまでこれを駆り立て、そこに含蓄されているものを繰り広げる。徹底ぶりは並大抵のものではない。学説はきしみをあげ、極限にまで追いつめられ、ついに自己矛盾を呈することにもなるだろう。なぜなら、それらは往々にして、古い皮袋に新しい酒を注ぎ込んだようなものであり、創意の裏に旧来の存在論を引きずっているからである。あるいはまた、先行するエピステーメーの存在が、新学説の創意を、元の木阿弥に帰してしまうとでも言うべきか。

だからこそ、当の学説が語り得なかった部分を、それ本来の表現にもたらしてやらねばならない。メルロ＝ポンティの努力は、いつもこの一点に注がれる。「ゲシュタルト」の概念をゲシュタルト心理学から救い上げ、存在論的な位相を変える…いささか唐突な喩えを許していただけるならば、これこそは、フッサールの『デカルト的省察』に端を発しながら、デリダの「脱構築（デコンストリュクシオン）」に少なからぬ示唆を与え、また、ドゥルーズの言う真正の哲学的営為を担う「新しい概念の創造」に他ならないのである。

「物理的秩序」「生命的秩序」「人間的秩序」――ゲシュタルトの三つのレヴェル

メルロ＝ポンティは、まずゲシュタルト学説に沿って、物理的世界にもゲシュタルトの存在することを確かめる。だがこれは、ケーラーのように、他のゲシュタルトをそこに還元するためではない。むしろ彼は、世に言う「物質」「生命」「精神（もしくは人間）」にはそれぞれ異なった秩序があると考え、そこで実現されるゲシュタルトには、たがいに他に解消しきれないもののあることを強調する。

一、物理的秩序

このレヴェルのゲシュタルトとしては、たとえば、水面に浮かぶ油滴の姿や、伝導体上の電荷分布などがあげられよう。油滴は、まわりの水との拮抗関係によって最適の姿をとり、電荷の分布は、エントロピー最大の状態で実現されることになる。もっとも、そんなことならば、なにも事々しくゲシュタルトなど論じる必要もなく、ただこれを物理法則とのみ呼べばいいではないか、と、そう思われるかもしれない。だが、重要なのはむしろ、あらゆる物理法則が何らかの構造を表現しており、その構造の中だけで意味をもつということなのだ。

私たちが、楕円伝導体上の各点の電気的密度を、そのすべての点に妥当し、しかもこの伝導体上の点にしか当てはまらないような単一の関係によって決定することができるのは、それらの点が寄り集まって機能的個体を構成するからである。あるいはまた、誰もが知る物体落下の法則にしたところで、地球の自転速度が時間とともに変わることはないという条件でのみ妥当する。つまり、あらゆる物理法則は、地球の近辺に比較的安定した力の場が構成されている限りで、もしくは、当の法則の基底となる宇宙論的構造が持続する限りで、真であるというわけだ[11]。

結局、伝導体上の電荷分布のように地形的な条件が問題となるにせよ、水面に浮かぶ油滴のように動力学的な条件が問題となるにせよ、いずれにしても物理的ゲシュタルトは、ある与えられた外的条件に対して得られる平衡だということになり、この平衡は「物理的系の統一」という「相関関係の統一」によって成り立っていることになる。

二、生命的秩序

だが、こうした物理的ゲシュタルトのあり方は、生命現象のレヴェルには当てはまらない。もちろん有機体も、環境との間で、それなりの平衡を実現しようとはするのだが、そこには現勢的な諸力の拮抗関係ばかりではなく、潜勢的・潜在的な条件も加味されている。そして、この潜在性を現実化するのは、当の有機体自身なのだ。これぞまさしく、生命的系の平衡を実現するプロセスが、一義的には決められない所以であるだろう。

水に投げ込まれた石ころは、その重量と浮力との関係を一義的に解決し、水底のしかるべき位置に落ちつくわけだが、水に溺れる有機体はそうではない。あがいて、あがいて、やがて石ころと同じ運命をたどるか、それとも泳ぎ切って、あるいは飛び立ってエントロピーの増大をおさえるか、それぞれの有機体、それぞれの個体によって、解決法は異なってくるはずだ。「もしも、水に溺れるハエの行動が延長の一断片を示すだけなら、スピノザといえど、その考察にあれほどの時間を費やすこともなかっただろう[12]」とメルロ＝ポンティは考える。

ことほどさように、外的条件は有機体によって異なった意味を持つ。だからこそ、この条件に対し、ハエにはハエなりの対処法があるように、カエルやサルにも、それなりの対処法があるわけだ。物理的秩序は「法則」によって表わされたが、生命的秩序は、その個体を特徴づける独自のタイプの対他活動によってしか、つまり「規範（ノルム）」によってしか理解されない[13]。結局、物理的系の統一が「相関関係の統一」であるならば、有機体の統一は「意味の統一」だと言われることになるだろう[14]。

三、人間的秩序

けれども、こうした「意味の統一」も、所詮は、その有機体の「自己保存」もしくは「種の保存」を至上命令にしているのではないか。事実、動物たちの本能的な行為も、知性的な行為も、つまるところは、この至上命令を実現するための二つの異なる方法に過ぎない、と、そう考える思想

(11) 二〇五～二〇六ページ
(12) 一九〇ページ
(13) 二二一ページ
(14) 二三二ページ

家は多い。実際あのベルクソンでさえ、人間行為のうちにも、本能が本能なりに追求するのと同じ目標の別様な達成法しか見ておらず、知性と本能には「同じ一つの問題を解く二つの異なる解決」[15]があるとさえ言っているのである。

だが、私たちのまわりには、自己犠牲もあれば、大義に殉じるということもある。「人間的秩序」は、明らかに「生命的秩序」の枠組みを超えている。では、一体この違いはどこからくるのか。それを会得するためには、さらに「行動」というものの三つの構造をおさえておく必要があるだろう。

行動の三構造――「癒合的形態」「可換的形態」「象徴的形態」

さて、先ほど見たように「世界は有機体に対し、まずはゲシュタルトとして現われる」。だがこれは、単に世界についてのみ言えることではない。有機体の側もまた、世界の現われに応じて感官を整備し、それに即した行動を組織している。世界が現われるから目は焦点を合わせるわけだが、焦点を合わせるからこそ世界もまた見えるようになる。いわば、世界と有機体とは表裏の関係にあり、有機体もまた、自分自身をゲシュタルトとして組織しているのである。

当然ながら、行動のゲシュタルトは、たかだか「歩く」というほどのことでも、多様な形で実現されているに違いない。たとえばクソムシ（フンコロガシ）は、何本かの肢を取り除いても、すぐさま歩行を続けられるが、その場合の歩き方は、正常なものとは異なってくる。肢の除去によって世界から課せられた未知の問題を解決すべく、それは新たな形で再組織されることになるのである。[16]人間ならば、さしずめ、跛行しながら歩くようなものだろうか。

同じような事実は、人間的なレベルにおいても、半盲症患者の視野の再組織化などに見て取ることができるだろう。視圏の測定によれば、患者は半網膜しか使用していないはずだから、彼の視野は健常者の半分となり、明視帯が周辺にくるものと予想される。だが、実際にはそうではない。患者は不明瞭な感じを持つものの、視野が半分になることはありえない。なぜなら彼は、眼球を振動させて目の活動を再組織し、光刺激に対して網膜の健全な部分をさらすようにするからである。[17]

こうしてみれば、まさしく有機体も行動も、そのつど再組織されるゲシュタルトであることが納得されることだろう。ただし、これらのゲシュタルトには、有機体の発達に応じてかなりの差異もあり、メルロ゠ポンティは、それを「行動の構造」の三つのレヴェルとして記述する。

(15)『創造的進化』松浪、高橋訳　白水社　一六七ページ
(16) 六九〜七〇ページ
(17) 七二ページ

一、癒合的形態

最初に来るのは「癒合的形態」だ。このレヴェルの行動は、おおむね動物の本能的行為を起こさせる自然状況に癒着しており、その枠内に閉じ込められている。学習の余地もきわめて狭いものになる。たとえば、ヒキガエルの前にガラスで隔てたミミズを置くと、何度も捕獲に失敗して制止が生じそうなのに、カエルはその試みをやめない。ところが、同じカエルに味の悪いアリを与えると、たった一度の経験で、他のすべてのアリについても制止をひき起こすようになる。[18] なぜだろうか。

これはつまり、ヒキガエルの本能のしくみが、自然的生活の中で動く目標に当面すると、試行をくり返すよう命ずるからだし、他方では、一標本が嫌悪の反応をひき起こしたら、アリ塚のアリ全部にも正の反応を抑止するよう、あらかじめ決められているからである。学習よりも本能の要素が強いことは、一目瞭然であるだろう。

あるいはまた、クモの捕食行動を引きあいに出してみてもいい。クモが反応するのは、ハエの視覚像や音ではなく、もがくハエが巣に伝える振動だけである。つまり、クモの本能的行為は、ハエに対する反応ではなく、振動一般に対する反応なのであって、それは巣に音叉をあてても生じることなのだ。[19] このレヴェルの行動形態は、自然条件にあまりにも密着しているため、環境の大きな変化には耐えられない。

二、可換的形態

次に想定すべきは「可換的形態」。可換的 amovible とは「取り外し可能」ということであり、このレヴェルになると、有機体は自然状況から少しずつ離脱する。行動の内には「信号（シグナル）」が現われ、これによって、学習の可能性も広がってくるのである。たとえば、ニワトリに濃淡二色の餌を与え、淡い方をついばむよう条件づけておくとしよう。ここで濃い餌を取り除き、淡い方よりもさらに淡い餌を置くと、ニワトリは躊躇なく、これをついばむようになる[20]。つまり、ニワトリは、本能によって固定された色に反応するのではなく、濃淡の関係性のうち、淡い方を選ぶという信号的行動をとっているわけだ。

おかげで、このレヴェルになると、刺激をいささかなりと抽象化し、それをさまざまな状況に応用してゆく可能性も生じることになるだろう。こうした可能性は、やがてチンパンジーにおいて、細い竹ざおを太い竹ざおに差し込み、つぎ足して道具にする、というような高度な芸当にまで延長されるに違いない[21]。

だが、それでもなお達せられないレヴェルがある。たとえば、そんなチンパンジーでさえ、竹ざ

(18) 一六二ページ
(19) 一五三ページ
(20) 一六三〜一六四ページ
(21) 一七二ページ

おの代わりに、枝葉のついた竹や木が置かれると、すぐさまこれを道具としては使えない。あるいはまた、踏台の上に他のチンパンジーが座っていたりするだけで、その台は、もはや踏台として認められなくなることもある。[22] どうやら、チンパンジーにとっては、対象は未だ状況にとらわれており、枝葉のついた竹や木が、同時に竹ざおの機能をもつとは考えにくく、「踏台」としての台と「椅子」としての台とを、同一事物の二面ととらえることも難しそうなのだ。

三、象徴的形態

こうした発想ができるためには、人間とともに、行動の「象徴的形態」が到来しなければならない、と、メルロ＝ポンティは考える。これはつまり、竹ざおであれ、枝葉のついた竹であれ、いずれも汎用可能な「一定の長さをもつ棒状のもの」として認識できる能力であり、台なら台を一つの物としてとらえ、それがさまざまな機能的側面を兼ね備えていると考えられる能力でもあるだろう。この能力は、操作する対象が「信号」から「象徴」へと移行することによって初めて可能になるというのだが、一体それは、どういうことなのか。

ここにおもしろい実験がある。[23] チンパンジーの前にコの字型の衝立をたて、その向こう側に置いた果物を棒で捕獲させるのだ。この場合、チンパンジーは、いったん果物を遠くに押しやり、衝立の両側を迂回させてから引き寄せなければならないわけだが、それにはほとんど失敗する。ところが、この果物を、自分の方が迂回して取りに行くことはたやすくできるのである。なぜなのか。それは、人間とは違い、チンパンジーにとっては、自分が迂回することと対象を迂回させることとは、対称的な事柄ではないからだ。

自分が迂回するのは、生きられる世界の中で、ごく普通に実行していることだが、対象を迂回させるのは、そうではない。これは、私たちが「対象の位置にいたとすれば」しなくてはならないはずの運動の図式を、私たちの身振りそのものによって描き出すということであり、諸関係間に一つの関係を設定することであって、それは自乗された構造とも言うべきものであるだろう。

結局、チンパンジーは、自分自身を運動体の位置に置き、目標として見ることができない。同一の事物を異なったパースペクティヴのなかで再認することができず、観点を変えることができないのである。それをするためには、「記号が一つの出来事や前触れであることをやめ、その記号が表現しようとしている活動に固有の主題となることが必要だ」とメルロ＝ポンティは言う。つまり使用される記号が「信号」から「象徴」へと移行せねばならず、それこそまさに、このレベルが「象徴的形態」と呼ばれるゆえんなのである。

---

(22) 一七三ページ
(23) 一七七ページ

メルロ＝ポンティの出発点――ゲシュタルトの統合度

こうして、ようやく私たちは「生命的秩序」から「人間的秩序」への移行を、はっきりと捉えられるようになる。そう、「生命的秩序」は、行動の構造の「癒合的形態」と「可換的形態」とに照応し、「人間的秩序」は「象徴的形態」に照応しているのであって、両秩序では、ゲシュタルトの統合度が違っているわけだ。つまるところ、「物理的」「生命的」「精神（人間）的」という三秩序は、それぞれ別様にゲシュタルトの本性に与りながら、統合の異なる程度を表わし、個体化と自由化との度合いが次第に高められていくような階層を成していることになるだろう。

ただし、これら三秩序は、それぞれが新しい実体としてではなく、あくまでも「先行秩序の捉え直し」もしくは「新しい構造化」として考えられねばならない、とメルロ＝ポンティは付言する(24)。つまり、こうした階層は、単に「石ころ」や「クモ」や「人間」といった存在者の種類に対応するばかりではなく、ヒトならヒトにおいても、そのつど自らの統合度に応じて変化するのである。

あるピアニストが晴れの舞台に立っているとしよう。この時、彼の全身全霊は演奏に傾けられており、心身の形づくるゲシュタルトの統合度は、最高レベルに達していることだろう。多少、身体に不調があろうとも、たとえ高血圧のリスクがあろうとも、そんなことは、もはや彼の眼中にはない。このレベルにおいて、彼の行為の全幅には、一種の生命的無頓着のようなものがゆきわたっており、彼はまさしく「人間（精神）的秩序」の只中にいるわけだ。

ところが、演奏会も終わり、彼は自宅に帰ろうとして、ふと疲労感にとらわれる。あるいは、帰宅中に脳溢血をおこし、病院のベッドの上で、なすすべもなく横たわることになるかもしれない。その場合には、彼の統合度はくずれ、すべての関心事は、もっぱら生きることへの執着に取って代わられることだろう。言うまでもなく、彼は「生命的秩序」へと降下するのである。

さらに、不幸にもこれが、彼にとっての致命傷にならないとも限らない。そうなれば、この生命体の呼吸は止まり、脈は絶え、当然ながらエントロピーも増大する。やがて一塊の肉片と化した彼は、解体し、腐敗し、外的条件との間に得られる平衡関係のみを残して「物理的秩序」の内に安らうこととなるだろう。

してみると、この三秩序の間には、どうやら確固とした境界はなく、それらは互いに、漸次的に移行し合っていることが理解されるに違いない。三階層とは、「物理的」「生命的」「精神（人間）的」といった従来の常識的な思考法に即し、あるいは、行動の構造に見られる顕著な特徴に応じ、あえてゲシュタルトの統合度に区切りを入れてみた、といった類のものに過ぎなかったわけである。いかがだろうか。ここからすれば、森羅万象はゲシュタルトの統合度の差異として考えられ、メル

(24)　二七四ページ

ロ＝ポンティは、すべてをその地点から捉え直そうとしているのだ。

哲学再考への最初の里程標

おさらいをしてみよう。世界は、クモやイヌや人間に対し、それぞれ異なったゲシュタルトとして現われる。つまり、個々の生物にとって有意味なものとして現われてくるのである。また一方で、世界がそのようなものとして現われてくるのは、クモやイヌや人間自身が、それぞれ異なった統合度のゲシュタルトとして身構えているからでもあった。結局、世界の側のゲシュタルト的な現われと、生物の側の有意味な自己組織化とは、たがいに表裏の関係にあるというわけだ。

たとえば、統合度の最底辺に位置するゾウリムシにとって、世界は「明暗」程度にしか分節されていないだろうし、地表を這うだけのカタツムリには、三次元の世界など、無縁のものであるだろう。彼らにとって、それぞれの世界はひとつの宿命として与えられるが、人間的秩序になるとそうではない。象徴を操作するにいたった人間は、与えられた状況を超え、潜在性や時間性に棹さしながら、世界そのものを構築し、組み替えていくのである。メルロ＝ポンティは、この間の事情を具体的な人間の行動にひきつけ、さりげない脚注の中でこう述べていた。

革命の現象や自殺行為が、人類にしかないものだということは、しばしば指摘されてきた。それは、両方とも、与えられた環境を拒否し、環境全体を越えたところに平衡を求めようとする能力を前提とするからである。かの周知の保存本能という概念は、これまでかなり濫用されてきたけれども、そういう本能は、人間においては、おそらく病気とか疲労のばあいにしか出現しないものであろう。健康な人間は、生きることを求め、世界における、また世界の彼岸の或る対象に到達することを求めるのであって、自己の保存を望むものではない[25]。

本来、健康な人間は、高い統合度を実現しており、自己保存にのみ汲々とすることなく、時には自己犠牲さえ厭わず、彼岸的価値を求めることもある…。いかがだろう。これはまさに、あの「キリスト教とルサンチマン」で展開されていたニーチェ批判を髣髴させるものではあるまいか。だが、同じ趣旨を述べながら、それを論じる思想的裏づけは、もはや見違えるほど厚みを増している。そればかりではない。そこで中心的な役割を担うゲシュタルトの概念は、当初よりメルロ＝ポンティが抱いてきた「哲学再考の遠大なもくろみ」を実現させる第一の里程標ともなっていたのである。

---

(25) 二六二ページ

ゲシュタルト的思考の射程——心身二元論の場合

一例として、この立場から心身二元論を捉えなおしてみよう。

私たちは、日ごろ、自分自身の手足がどのようなしくみで動いているか、考えることもなく、物をつかみ、移動する。とりたてて意識しないかぎり、心身は一如となって機能しているのである。ところがそこに、疲労や病気が介入してくると、とたんに体の存在が大きくクローズアップされてくる。飢えや渇きによって、高邁な思考や情念が妨げられるようなこともあるだろう。あるいはまた、何かの折に私たちは、ふと自分自身の体をながめて独りごちることもある。「なんだか最近、めっきり皺がふえてきたなあ」……そうしながら、ここでも私は、ながめる私（精神）とながめられる私（身体）とを分離する。

どうやらこのあたりに、心身二元論の萌芽はあるのだろうし、それを徹底すれば、やがてはデカルトのコギトにたどりつきもするだろう。おかげで、めでたく「主観―客観」図式が誕生し、近代理性の足場も固められようというものだ。しかしながら、そのせいで、私たちは大変なアポリアにさいなまれることにもなってしまった。延長としての身体と、延長をもたぬ精神とは、どのように影響しあうのか???

デカルトは松果腺にすべてを託し、珍妙な説をぶつ。マールブランシュはすべての影響関係を神の御手にゆだねてしまう。スピノザは平行論をとなえ、心身二様の現われを私たちの認識能力の欠陥に帰してしまう。いずれにしても、歯切れの悪いこと甚だしい。

ところが、ところがである。ここにメルロ＝ポンティ流のゲシュタルト概念をとり入れてみればどうなるか。病気や疲労は私たちの統合度を低下させるに過ぎず、ながめる私とながめられる私との分離もまた、心身一如の日常行為をいったん中止し、あえて視線を自己言及的にした場合の特殊事例でしかないことになるだろう。彼は心身の関係を、実に斬新なスタイルで、こう言ってのけるのである。

この二元論は実体の二元論ではない、言いかえれば、心と身体の概念は相対化されなくてはならない。つまり、交互に作用し合う化学的構成要素の塊としての身体が存在するし、生物と生物学的環境との弁証法としての身体があるし、社会的主体と集団との弁証法としての身体があるのであり、さらには、われわれの習慣でさえも、すべて各瞬間の私に感知されるとは限らない身体なのである。これら諸段階の一つ一つは、前段階のものに対しては〈心〉であり、次の段階のものに対しては〈身体〉である。身体一般とは、すでに辿られた道程の全体、すでに形成された能力の全体、つねにより高級な形態化の行なわれるべき〈既得の弁証法的地盤〉で

あり、そして心とは、そのとき確立される意味のことである。(26)

いわばメルロ＝ポンティは、従来の水平に二分された物心を、ゲシュタルトの統合度を介して縦につなぎ、古くはベルクソンが「イマージュ」の引き算によって目指していたことを、また、最近ではドゥルーズが「収縮」と「弛緩」との差異化によって目指していたことを、まさしく彼なりの流儀で追求していたのだと言うことができるだろう。

ただし、『行動の構造』はまだ、その革新的な哲学の出発点に過ぎないのである。

(26) 三一一～三一二ページ

『知覚の現象学』

「序文（アヴァン＝プロポ）」の問題圏

一九四五年、大戦の終結とともに、『行動の構造』から三年の期間をおいて、いよいよメルロ＝ポンティは『知覚の現象学』を世に問うこととなる。これは、今なお彼の主著とみなされるものであり、本書の公刊によって、メルロ＝ポンティは学界にあまねくその名を知られるようになった。冒頭は、哲学徒、とりわけ現象学徒が、以後、畏敬の念をもって斉唱するようになるあの有名な一節で始まっている。

現象学とは何か。フッサールの最初期の諸著作から半世紀も経ってなおこんな問いを発せねばならぬとは、いかにも奇妙なことに思えるかもしれない。それにもかかわらず、この問いはまだまだ解決からはほど遠いのだ。

こうした問いかけに始まる序文は、原著にして、たかだか一六ページ。それにもかかわらず、この小論は、ひたすら現象学の核心をつき、見事にその全体像を描き出している。なぜそんな離れ業ができたのか。秘密はおそらく執筆の順序にある。実は、この序文が書かれたのは本文よりも後であり、その意味では、むしろ本文の方が、当の序文の序文となっているのである。知覚は現象学によって解明されるが、現象学もまた、知覚によって吟味される。つまり『知覚の現象学』は、「知覚についての現象学的研究」であるとともに、「知覚を試金石とする現象学再考の試み」にもなっており、序文は、この書の全幅によって裏打ちされているわけだ。

攪乱された起源。それはどことなく、後のデリダの「原（アルシ）エクリチュール」もしくは「痕跡（トラス）」の戦略を彷彿させもするが、おかげで、「一歩一歩（パ・ザ・パ）」の接近法、あるいはクロノロジックな接近法をはばまれた私たちは、まずはこの序文で、一挙に現象学の核心に迫ることができるだろう。メルロ＝ポンティは言う。「超越論的主観性は相互主観性である。[1]」「還元の最も偉大な教訓とは、完全な還元は不可能だということである。[2]」「問題は幾つも引用文献を数え立てることではなくて、むしろわれわれにとっての現象学を定着し客観化することである。[3]」……等等等。私たちは、こうした彼独自の現象学解釈に幻惑されながら、ふと気がつくと、その感動的な結論をただただ反復するばかりの自分自身を見出し、思わず苦笑してしまうに違いない。

現象学はバルザックの作品、プルーストの作品、ヴァレリーの作品、あるいはセザンヌの作品とおなじように、不断の辛苦である――おなじ種類の注意と驚異とをもって、おなじような意識の厳密さをもって、世界や歴史の意味をその生れ出づる状態において捉えようとするおなじ意志によって。こうした関係のもとで、現象学は現代思想の努力と合流するのである。[4]

それにしても、同時代の現象学者たちにとって、こうした現象学解釈は驚き以外の何物でもなかったことだろう。それもそのはず、当時フランスはもとより、学の発祥地ドイツにおいても、人々はほとんど創始者フッサールの『論理学研究』や『イデーン』第一巻しか参照せず、おかげで現象学は、かなり観念論的な捉え方をされていたからである。

だが、メルロ＝ポンティは違っていた。第一章で見たように、彼はすでに一九二九年に行なわれたフッサールのパリ講演に出席し、この講演がやがて一書として結実した『デカルト的省察』に、その後も変わることなく関心を注いでいる。さらに特筆すべきは、すでに「知覚の本性」（一九三四）の文献表で、フッサールの『イデーン』と並び、その弟子フィンクの論文「現代の批判にさらされたフッサールの現象学的哲学」が挙げられていることだろう。これは明らかに、当初よりメルロ＝ポンティが、その後しだいに現象学者たちの注目を集めるようになる後期フッサールの思想に

（1）『知覚の現象学』1　一一ページ（以下、本書についてこの章では「1　〇〇ページ」とのみ表記する）
（2）1　一三ページ
（3）1　三ページ
（4）1　二五ページ

定位していたことを物語るものである。結果、これまたすでに見たように、彼の「フッサール文庫」訪問もいち早く実現し、そんな境位で掘り下げられた知覚研究を通して、ついにメルロ＝ポンティ一流の解釈が成立するというわけだ。

メルロ＝ポンティの現象学解釈とデリダの批判

では、彼の現象学解釈とは、いったいどのようなものなのか。それを最もよく表現しているのは、実は、序文から遠く離れた後半部にひっそりと置かれた、さりげない脚注である。重要な部分なので全文引用しておこう。

フッサールはその後期の哲学において、すべての反省は生きられた世界（Lebenswelt）の記述に立ち帰ることから始めねばならないということを認めている。しかし彼はこれに付け加えて、生きられた世界の諸構造はそれはそれでまた、第二の〈還元〉によって、普遍的構成の超越論的流れのなかに置きもどされねばならないのであり、そこでは世界のすべての暗がりに光が当てられることになる、と述べている。けれども、可能なのは次の二つのうちの一つだといいうことは明らかである。すなわち、構成によって世界が透明になるか、それとも構成が生きられた世界のうちの何ものかを保持しつづけるか。前者の場合には、なぜ反省が遠まわりをして生きられた世界を経過する必要があるのかが理解できなくなるし、後者の場合には、構成は生きられた世界からけっしてその不透明さを剝ぎとったりはしないことになる。フッサールの思惟が論理主義的時期の多くの無意識な記憶を介して次第に進んでいったのは、この第二の方向である。彼が合理性を問題視したり、結局のところ〈流動的〉であるような意味を認めたり（『経験と判断』四二八ページ）、認識を根源的 δόξα〔臆見〕の上に基礎づけたりするとき、われわれはそれに気づくことだろう。(5)

彼はいささかの躊躇もなく、フッサールの進んでいったのは「この第二の方向である」と言い切っているが、当然ながら、他の現象学者たちの間に異論の起こらぬはずはない。そのため、メルロ＝ポンティの発想は、しばしば現象学の特殊フランス的な移入の仕方であると考えられてきたし、そのフランス国内でさえ、彼の見解に異を唱えるものは少なくなかった。(6) 近いところでは、あのジャック・デリダもその一人である。

（5）『知覚の現象学』2　一三七ページ（以下、本書についてこの章では「2　〇〇ページ」とのみ表記する）
（6）例えば、スピーゲルバーク『現象学運動』上下　世界書院　を参照

デリダは「『幾何学の起源』序説」において、「M・メルロ＝ポンティはこの点に関して一方における『起源』と他方における『論理学研究』との間に見られる〈著しい対照〉について語った」としながら縷々（るる）論じ、結局、「この点で、フッサールの最初の思考と最後の思考との間には断絶や対比はほとんど存在せず、ひとは『論理学研究』のなかに、〈文書による記録〉の本質的機能や言語活動の〈精神的身体〉や真理志向の実現としての言葉について、『起源』のなかにそのまま変更を加えずに記載されてもかまわないような諸頁を見い出すほどである」(7) と結んでいたのである。つまるところデリダによれば、フッサールは晩年に至るまで、メルロ＝ポンティの言う「第一の方向」を手放しはしなかったというわけだ。

指摘を吟味してみれば、これまた正論。さて、どうしたものか、といったところだが、事実はまぎれもなく両者のはざまにある。メルロ＝ポンティはその後、一九五九年になって「哲学者とその影」という一文をしたため、フッサールの「考えられないでしまったこと impensé」を考察する読解法を示しているし、デリダはデリダで、とどのつまりフッサールの「現前の形而上学」を攻撃するためには、第一の方向を強調するのが好都合だったに違いないのである。

この点については、「フッサール著作集（フッセリアーナ）」の七・八巻で『第一哲学』を編纂したルドルフ・ベームが早くから指摘していたように、実は、フッサール自身の内で、超越論的現象学におもむく途が「我あり」から出発するものと、「世界あり」から出発するものとに分かれ、彼はその間でジグザグの進路をとっていた、と、そう解釈するのがよさそうだ。

第一の途は、一九〇七年「現象学の理念」講義あたりから顕著になる「デカルト的方法」であり、『イデーン』第一巻を経て、一九二二年のロンドン講義「現象学的方法と現象学的哲学」、さらには一九二九年の『デカルト的省察』につながるもの。第二の途は、一九一〇〜一一年のゲッティンゲン講義「現象学の基本的諸問題」あたりに端を発し、一九二二〜二三年のフライブルク講義「第一哲学」、「ブリタニカ草稿」などを経て、遺稿『経験と判断』へとつながる「生世界 Lebenswelt」から始める方法である。

こうした解釈についていては、フッサール自身の言葉を援用することもできるだろう。彼は最晩年の著作『ヨーロッパ諸学の危機と超越論的現象学』の中に、わざわざ次のような注記を残しているのである。

ここでついでに注意しておこう。わたしの『純粋現象学および現象学的哲学の構想』で述べた超越論的判断中止への、ここで述べたよりもはるかに手短な道——それを「デカルトの道」と呼ぼう（この判断中止はデカルトの『省察』における判断中止に単に反省的に沈潜するだけで、またデカルトの先入見や混乱からそれを批判的に純化するだけで得られると考えられているわ

（7） ジャック・デリダ『エドムント・フッサール　幾何学の起源』一一二〜一一三ページ

けである）――は、次のような大きな欠陥をもっている。すなわち、その道はなるほど一躍にしてすぐ超越論的われ（エゴ）へ達しはするが、それに先だつ説明がすべて欠けているために、この超越論的われを、一見したところ無内容なままに明るみに出すことになる。そこで、さしあたってそれによっていったい何が得られることになるのか皆目見当がつかないし、それだけでなく、そこからどうして哲学にとって決定的な意味をもつ、完全に新たな種類の基礎学が得られることになるのか、まったく途方に暮れるのである。わたしの『イデーン』の受けとられ方が示したように、人びとが容易に、しかもそもそもの最初から、そうでなくてさえきわめておちいりやすい素朴で自然的な態度への逆転に屈することになったのも、そのゆえである[8]。

知覚からの出発

こうした次第で、『知覚の現象学』の序文は、起源としての権利を剝奪されているばかりか、そこに展開されるメルロ＝ポンティの独創的な現象学観もまた、その可否は、現象学解釈の広大な問題圏の中で問われるべきものとなる。したがって私たちは、メルロ＝ポンティに導かれ、颯爽と序文を読み進みながらも、その実、おぼつかない気持で自己の投錨地を探すはめになり、まずはこの書の本文が設定する出発点、認識の第一歩としての「知覚」の研究から始めるよう促されることになるだろう。飛んで火に入る夏の虫とはこのことだ。

ともあれ、そんなふうに仕組まれた『知覚の現象学』の出発点には、これまた入念に準備された前史のあることを忘れてはなるまい。すでに第一章でも触れておいたように、メルロ＝ポンティは、早い時期から「知覚の本性」に照準を合わせていたはずだし、さらにそのきっかけを探れば、ベルクソンのオックスフォード講演にまで遡りうるものでもあった。しかしながら、一人の哲学者が、独自の出発点を見出し、みずからのスタイルで語れるようになるまでには、なおしばらくの時間を要することだろう。

彼はその間、ゲシュタルト心理学をはじめとする諸学を吟味し、批判的スタイルをもって『行動の構造』を練り上げた。そしてこれらの模索に、フッサール現象学との出会いという僥倖が重なった瞬間、メルロ＝ポンティの前方には、突如として知覚をポジティヴに語るべき沃野が開けたとでも言うべきか。この時、彼の目には、「概念的思考はどんなに抽象的であっても、常に知覚を出発点としている」[9]と宣言していたベルクソンに、これまた「意識への直接与件」ともいうべき「現象」から出発しなければならないと説くフッサールが、ぴたりと照応して見えたに違いない。

(8) フッサール『ヨーロッパ諸学の危機と超越論的現象学』細谷・木田訳　中央公論新社　二一八ページ
(9) ベルクソン『思想と動くもの』一六八ページ

フッサールの場合にも、あらゆるものは「知覚」を通じ、「その生身のありありとしたありさまにおいて意識にもたらされる」[10]。この時、「現われ」の背後には何もない。物事を虚心に眺めるならば、形而上学的な「実在」やカント的な「物自体」を前提にする権利などどこにもない、というわけだ。したがって、現象学における「現象」とは、何らかの「本質」や「本体」の「仮象」ではなく、言わば全てが「現われ」なのであり、その根源には、常に「知覚」が想定されていることになる。

いや、知覚ばかりではなく、そこには記憶もあるではないか、とベルクソンなら言うかもしれない。だが、フッサールにとっては、当否はさておき、記憶もまた知覚の「変様」、あるいはその「準現前化」として説明されることになるだろう。

想起は、まさにそれ固有の本質において、知覚「の変様」なのである。以上の作用の面と相関的に、過ぎ去ったものとして性格づけられた事柄そのものの方も、これまた、それ自身において、「かつて現在していた」というありさまでおのれを与えてき、したがって、「現在している」ということの変様としておのれを与えてくる。この「現在している」ということが、元の変様されざるありさまなのであって、それこそはまさに、知覚の「原的」ということ、「生身のありありしたありさまで現在している」ということにほかならない[11]。

いずれにもせよ、ベルクソンとフッサールという二人の先達の思索が「知覚」を介して一つに繋がった時、メルロ＝ポンティの主著は、まさしくその第一歩を踏み出すことができたのである。

「経験論」と「主知主義」は同じ穴のムジナ

こうして、現象学的な観点に身を置くこととなったメルロ＝ポンティは、主著『知覚の現象学』を境に、叙述法もがらりと変え、それまでの科学批判的なスタイルから、言わば、そこに展開される事象の現われをそのままに記述するようなスタイルへと移行する。これにともない、狭義のスタイル、すなわち文体もまた、無味乾燥なものから彼一流の「詩的」なものへと変貌することになるだろう。

もっとも、そんな彼の試行錯誤はおろか、現象学でさえ、きちんと認知されていなかった当時の思想界のこと。メルロ＝ポンティは、この期におよんでもなお、知覚をめぐる世間の無理解を正す

(10)『イデーン』I-I　渡辺二郎訳　みすず書房　一八五ページ
(11)『イデーン』I-II　渡辺二郎訳　みすず書房　一五四〜一五五ページ

ところから出発しなければならなかった。大判の原著にして七〇ページにものぼる「序論（アントロデュクシオン）」のほとんどが、先行する知覚理論の批判に費やされているのも、余儀ないことと言うべきか。彼が最初に吟味するのは、経験論的な先入観である。

　私たちは日頃、「客観的世界」とでも言うべきものの存在を疑ってみることもなく、知覚もまた、この世界のなかで生起する物理的刺戟によって、私たちの意識のうちにひき起こされるものだと考えている。この時、知覚の主導権は刺戟の側に握られており、つまるところ、刺戟と要素的感覚とのあいだには表裏の対応関係が想定されていることになるだろう。「枯れ尾花」を「幽霊」と見まがうようなことがあれば、落度は私たちの感官の側に帰せられ、世界はいつも、完璧な姿でそこに鎮座ましましているというわけだ。

　だが、本当にそうだろうか。いま少し考えてみよう。たとえば、黒板に一つの図形が書かれているとする。この図の輪郭線上にいくつかの点をとると、それら各点に対応する要素的感覚の集合が、私たちに当の図形の輪郭を与え、これがその図形を図形たらしめていることになるだろう。もちろん、それだけで足りるわけはなく、これら各点間の隙間もまた、さらに多くの感覚によって埋められねばなるまい。けれども、いくら隙間を埋めつくそうとしたところで、経験論からすれば、こうした感覚それ自体には他の要素的感覚と結びつくいかなる内的な力も備わっているはずはなく、これを徹底させれば、ついに、私たちにとっては図形など存在しないことになり、ひいては客観的世界の姿も存在しなくなるに違いない。

だからこそ、それらの感覚を結び合わせて一つの図形とするのは、主体のもつ能力なのだ、と、そう言うならば、今度は一足飛びに、私たちは主知主義的な先入観にからめとられることになる。図形上の各点の関係を設定するのは私であり、図形の各部分が当の図形の一部であることを判断するのもまた私なのだ、と主知主義者なら言うだろう。だが、知覚が私たちによる「設定」であったり「判断」であったりするのなら、どうして「ミュラー＝リアーの錯視」（図）のようなものが生じることになるのか。ひとたび定規をあてて線分Ａ・Ｂが同じ長さであることを知ったなら、なぜ、その後も線分Ａの方が長く「見える」ようなことが起こるのだろうか。

つまるところ、経験論における知覚は、まずは既存の客観的世界を想定するところから出発して、こうあるべきだという推論によって組立てられた仮説に他ならず、主知主義においてもまたここで、「私はそう判断する」という主体の側の作用が二重化されるだけのことなのだ。現象学的観点からすれば、両者はともに、既存の世界を素朴に前提することにおいて、同じ先入観にとらわれているのである。

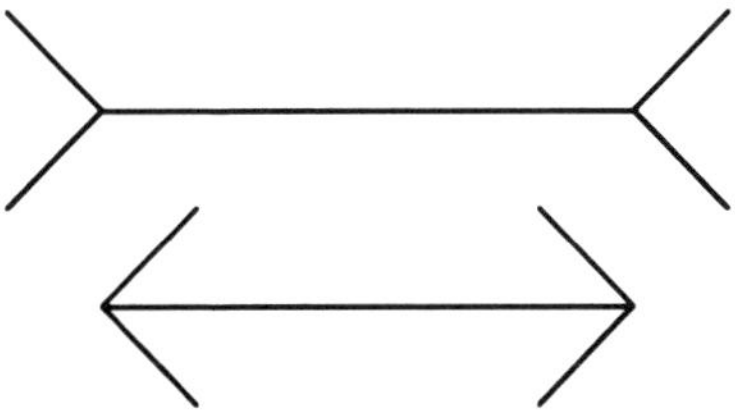

◉――「ミュラー＝リアーの錯視」上がＡ，下がＢ

知覚の「図 - 地」構造

では、現象学的に記述されるべき知覚とは、一体どのようなものなのか。先在する客観的世界が認められない以上、そこでは、当然ながら物理的刺戟も要素的感覚も前提されることなく、「意識への直接与件」がそのままに記述されねばならないわけだが、これをメルロ＝ポンティは、端的に「地の上の図」であると表現する。

いま、同質の地の上に浮かんだ白い染みを例にとってみよう。染みのあらゆる点々は、それでもって一つの〈図〉を描き出すという一定の〈機能〉を共通にもっている。図の色は地の色よりも濃く、いわばより抵抗が強いから、白い染みの縁の部分は、図の方に〈所属する〉のであって、地に隣接しているにもかかわらず地とは結びつかない、染みは地の上に置かれたようにあらわれるのであって、地を中断しはしないのである。〔地と図の〕各部分は、自分が実際に含んでいる以上のものを告知しており、したがってこんな初歩的な知覚でも、もうすでに一つの意味（sens）を担っているわけである。〔…〕「一つの地の上の一つの図」というのがわれわれの手に入れ得る最も単純な感性的所与である、とゲシュタルト理論はわれわれに教えてくれたが、これは事実上の知覚のもつ偶然的な性格なぞではなく、〔…〕それはむしろ、知覚現象の定義そのものをつくっているもので、それなしには或る現象が知覚〔現象〕だとは言い得なくなるようなものなのである。知覚上の〈或る物〉は、いつも他の物のただなかにあって、いつも一つの〈領野〉(champ)の一部分となっている。(12)

ここにおいて、メルロ＝ポンティの三大発想源――ベルクソン、フッサール、ゲシュタルト理論――は、めでたく三役揃い踏みにいたり、「意識への直接与件」は「現象学的記述」を受けながら、最初から「ゲシュタルト」として立ち現われることになるだろう。もはや、要素的感覚はどのようにして結びつくのか、といった問いは提出されるべくもない。知覚対象は、いつも或るまとまりを持ち、いつも或る意味を帯びているのである。

私は友人の顔を知覚する。その眼の細部や、眉毛の配置がどうなっているかなど意識せぬまま、私は即座に、友人の笑顔を知覚するのである。あるいはまた、すでに『行動の構造』で見たように、私は、個々の音程など知らぬままに、メロディーを口ずさみ、難なく転調することもできる。私たちは、表情という意味、メロディーという意味を「図」として、その他のものの形作る「地」の上に一挙に捉えてしまうのだ。

もちろん、次の瞬間、私はふと、友人が小脇にかかえている一冊の書物に目をとめ、それを注視

(12) 1 三〇～三一ページ

することになるかもしれない。すると今度は、にわかにこの書物が生気を帯びて「図」となり、今まで「図」であった友人の顔は「地」の中に眠り込む。それはちょうど、カメラのファインダーを覗きながら、あちらこちらに焦点を合わせるようなもので、「図」と「地」とは互いに移行し合いながら、浮かび上がったり沈み込んだりするのである。

知覚とは、このように「図」と「地」との双面をともなう行為なのであって、「図」のみに直接対応するものではあり得ない。「図」が「図」として存在するのは「地」あればこそ。「図」も、その「図」の「意味」も、ひいてはそれらがこぞって指し示す「事物」の存在も、すべては「地」という他なるものを経由して初めて到達されることになるわけだ。これを「差異化作用」と呼んでみてもよろしかろうし、そこに「間接的存在論」の萌芽を感じ取るのもよろしかろう。いずれにしても、単純な要素が結びついて全体ができあがるといったものでは決してない。知覚の「図―地」構造は、一般の予想をはるかに超えた発想法の転換を要請しているのである。

「射映」の意味するもの――私たちには背後も見えている

通常、現象学では、あらゆる事象は「射映」を通して私たちにもたらされると考えられている。

つまり、どんな事象も「ある側面から」「ある遠近法において」「漸次的に」知覚されるしかなく、そのつど与えられる事象の側面が「射映」と呼ばれるわけである。

例えば、ここに立方体があるとしよう。立方体とは「六つの正方形によって囲まれた立体」であるわけだが、その意味では、私たちには、立方体を「見る」ことなどできはしない。なぜなら、私たちは常にこの「射映」による接近を余儀なくされている以上、どこから眺めても、各側面は、平行四辺形や菱形になるわけで、たとえ首尾よく一側面を正方形として見ることができたとしても、立方体はすべてこの側面の背後に隠れてしまい、ついには立体としてさえ捉えられないことになるだろう。

いや、偏在する神ならば、一瞬のうちに立方体を見てとることができるに違いない、などと言ってみても詮無いこと。まずは、同時にあらゆる視点からものを見るということが何を意味するのか、とくと考えてみる必要があるはずだ。「見る」とは、そもそも、どこか限定された場所から、これまた限定された側面を見るということではないのか。さもなければ、「水平線」も、「山の稜線」も、「リンゴの輪郭」も、すべては失われてしまう。

そんなわけで、私たちはまぎれもなく「射映」を通して事象を知覚している。だが、こうした射映も、それらがいかにして一つの立方体の射映であることが分かるのか、という問いを発した瞬間、私たちには再び、経験論的もしくは主知主義的な説明にからめとられる危険性が生じてくる。射映は連続的に結びついて立方体に帰着する、とか、私たちの精神が個々の射映を通覧して立方体を構成する、とか言ったとたんに、すべては元の木阿弥となってしまうのである。

もちろん、「射映」という言葉によってフッサールが言わんとしたことも、ましてやメルロ＝ポンティが言わんとしたことも、そうではない。重要なのは、個々の射映が、「見え」や「聞こえ」にのみ尽きることのない豊穣さを持っているということなのだ。確かに、常識的な意味からすれば、事物のある側面を見ている時の私たちには、その背面が見えるはずもあるまいが、だからといって、当の視像の背後には何もないと感じているわけではないだろう。ある種の患者は、そこにまだ世界が存在しているかどうか心配になって、しばしば自分の背後を振り返るというが、通常の知覚に、そんなことは起こらない。私たちの知覚は、射映を超え、視野を超えて世界を見ているからだ、とメルロ＝ポンティは考える。

> 視野の周辺に在る領域は容易に記述しがたいものだが、しかし、それが暗黒でも灰色でもないことは確かである。つまり、そこには未決定の視像、何だかわからぬものの視像、というものがあるのであって、極端に言えば、私の背後に在るものでも視覚的に現前していないわけではないのである。[13]

視野は、そして一般的に知覚野は、背後にも無限の彼方にも、さらには、過去にも未来にも開かれているのであって、その中心部の「今ここ」から周辺へと、漸次的に曖昧になっていくものだと考えられる。言わば、事物の背後も、まずは「何だかわからぬものの視像」として捉えられ、やがて必要とあれば「図―地」関係の移行によって明確化される可能性もあるというわけだ。この「図―地」関係は、現象学において、そのまま「地平」構造として論じられることになるだろう。

「地平」構造

「意識は何ものかについての意識である」…というのは、よく知られたフッサールの言葉だが、まさしく意識は、森羅万象の内で何ものかを際立たせ、浮き彫りにする。そして、何かが浮き彫りになるのであれば、当然ながらそれは、その他のもの、つまり、潜在的なもの、未知のものの中からそうなるより他はない。この「潜在的なもの」「未知のもの」こそが、現象が「図」として立ち現われてくるための「地」、すなわち「地平」と呼ばれるものである。

何か或るものは、その他のものの中から、まずは「家」なら家として現象してくるが、必要とあ

(13) 1 三三二〜三四ページ

れば、その家という地平において、さらに「屋根」や「窓」を浮き彫りにすることもできるだろう。それればかりではない。「屋根」が地平になれば、その上に「瓦」が現われ、「瓦」が地平になれば、瓦の「模様」が現われ…と限りなく続いて、以下同文。本書の第一章に、メルロ＝ポンティの生地ロシュフォールの紹介かたがた引用しておいた海岸風景の描写は、まさしくこの「地平」構造についてさりげなく語られている部分であったのだ。

私が渚づたいに或る難破船の方へ歩いて行って、その船の煙突なり帆柱なりが砂丘を縁どる森と溶け合って見えるという場合、やがてこれらの細部が生き生きとその船と合体し、その船に接合される或る瞬間が来るだろう。だが、もっと近づくにつれて私の知覚したものは、この船の上部構造を最後には一つの連続した図面のなかに再結合してしまうであろうような、相似または近接の関係ではない。私が感得したところは、ただ、対象の様相が変化して行ったこと、あたかも雲が嵐の逼迫を告げているようにこの緊張が何ものかの到来を告げていたということ、これである。(14)

こうした「地平」は、『経験と判断』あたりになれば、フッサールによってさらにはっきりと「内部地平」と「外部地平」として表現されるようになるが、いずれ基本的な発想は変わらない。難破船を基準とすれば、その「帆柱」、「帆柱に刻まれた文様」、「文様に彩色された塗料」…といった系列が内部地平、難破船を取り囲む「砂丘」や「森」、そのすべてを含む「渚」、渚を含む「海岸」、さらには、その海岸をも含む「ランド地方」…といった系列が外部地平となるだろう。つまりここでは、ある知覚対象を出発点として、その内部にも外部にも無限に探索の目を向けることができるという地平構造が語られているのであり、究極のところ、あらゆる地平を包括する地平は、この世界の全体、フッサール言うところの「生世界 Lebenswelt」となるわけである。

いかがだろうか。こんなふうに見てくると、現象学における「射映」や「地平」の概念もまた、まさしく知覚の「図―地」構造を表現するさまざまなヴァリアントの一つに他ならず、それらはいずれも、知覚対象のパースペクティヴ性を表わしていることがお分かりいただけるに違いない。

「私たちは意味の刑に処せられている」――知覚モデルの真理論

知覚対象は、そこに現われるがままのものであると同時に、その顕在性を越えて知覚されてもい

---

(14) 本書二九ページ参照

る。この事実こそが、物の超越性、すなわち物の「汲み尽くし難さ」を保証するとともに、私たちの真理経験をも規定する。知覚が、ある一面からしか知覚できないということ、そしてまた、継起の形をとりながら、常に更新されねばならないということ、これらはパースペクティヴ性として、意識と物とが関わり合うための本質的な条件を成している。だとすれば、真理もまた、更新と無縁のものではいられまい。

眼前にそびえる山は、私が移動するにつれて、未知の側面をくり広げる。あちら側から眺める山は、こちら側から見る山とは異なり、常に、新たな知見をもたらしてくれるはずである。そんなパースペクティヴは、時間にもまた妥当し、昨日の真理が、今日は疑問に付され、明日には一新されてゆく…。結局、これらしごく当然な事柄も、メルロ＝ポンティの知覚モデルによる真理論において、ようやくその所を得るのである。

われわれのもっている明証性ははたして真理であるかどうかだとか、あるいはまた、われわれにとって明証的であることも、われわれの精神の或る欠陥によって何か真理それ自体といったものにたいしては錯覚ではないだろうかだとか――そんなことを問題にすべきではない。なぜなら、われわれが錯覚について語るからには、われわれはあらかじめすでに錯覚を錯覚として認めていたはずだからであって、また、われわれがそうすることができたのは、ただ、そのおなじ瞬間に真なるものと証明されるような何らかの知覚の名においてのみであり、したがって、懐疑とか誤謬を犯す懸念とかは、同時に誤謬を誤謬として暴露するわれわれの能力の存在を確言するもので、だからわれわれを根本的に真理からひき離してしまうものではあり得ないわけだろう。われわれは〔はじめからすでに〕真理のなかに居るのであり、〔われわれのもつ〕明証性がそのまま〈真理体験〉なのだ。知覚の本質を求めるとは、知覚というものはあたまから真なるものと前提されるようなものではなく、ただわれわれにとって真理への接近として定義づけられるものだと、こう宣言することである[15]。

私たちは初めからすでに真理のなかに居る――そんなメルロ＝ポンティの真理論によれば、「悪しき霊（マラン・ジェニー）」をひきあいに出すデカルト的懐疑は、手もなく解消されてしまうだろうし、哲学もまた、周辺諸科学と連携しつつ自己を更新してゆく「統合的な知」となることができるだろう。もっとも、知覚は決して完結せず、常に「彼方」や「未来」に開かれているとはいえ、知覚過程の全てが単なる漸次的推移の連続になるわけではない。そこには多少のメリハリがあり、安定したさまざまな段階（ファーズ）を含む推移と言うべきものもある。

たとえば、私たちの視覚は「豊かさ」と「明瞭さ」とが互いに反比例するような視野を持ってお

（15）　1　一七ページ

り、二つの要素は、どちらも単独では限りなく追求されるものであるにもかかわらず、両者がひとたび結合すれば、知覚過程において、ある成熟点や最高点を示すようになるのである。[16] 人間の顔は、ごく間近から見れば奇妙な物質塊でしかなくなるし、遠ざかれば人形の顔との区別もつかなくなる。見る角度が甚しければ、これまた認知は不能。つまるところ、顔が顔として現われる特権的な知覚があって、知覚過程はそこに向かって収斂していくと考えることもできるだろう。

このように、知覚は互いに確かめ合って、ある意味に収斂したり、ある特権的な意味を確立したりするのであり、それが私たちの世界の中に、相対的で暫定的な、さまざまな真理を存在させることにもなってくる。そう、真理とは、言わば、知覚のプロセスにおいてそのつど確立される多少とも高度な意味に他ならず、それは常に、場所や日付をともなっているのである。

結局、知覚に哲学の根拠を置くということは、更新されてゆく真理を認めることになるわけで、この流れに掉さす者は、いつも既得の意味を越え、さらなる促しに身をゆだねることになるだろう。「私たちは意味の刑に処せられている nous sommes condamnés au sens」[17]——かつてメルロ＝ポンティは、サルトルの「私たちは自由の刑に処せられている nous sommes condamnés à la liberté」という大見得の向こうを張って、そんなもじりをしてみせたが、これぞまさしく、私たちが、日々、知覚を駆使し、真理を求め、意味を紡ぎ出し続けねばならない存在であることを表現したものに相違ない。

身体——新たな形態化の場

ところで、「図 - 地関係」「射映」「地平構造」といった一連の事実、すなわち知覚のパースペクティヴ性は、当然の帰結として、「視点」もしくは「知覚点」のようなものを要請するのではないだろうか。私たちが「今ここ」に限定されているのでなければ、森羅万象が「射映」として現われることもあるまいし、そもそも私たちは、それらを「眼」によってまなざし、「耳」によって聞き、「手」によって触れているのである。だとすれば、ここに不可欠なのは、ほかならぬ世界への投錨点とも言うべき私の「身体」なのではあるまいか…と、メルロ = ポンティは考える。

もちろん、私たちが素朴に前提するこの肉体、切れば血の出るこの物体を、無批判に取り入れるのは哲学の名に悖（もと）る行為には違いない。だが、少なくとも、現象がそれに対して現われてくる「それ」を考えない限り、画竜点睛を欠くは必定。さしあたり、こいつを「主観」と呼ぼうが、「主体」と呼ぼうが、いっこうに構わないが、メルロ = ポンティは、そこをあえて「身体」と呼ぶのである。

---

(16) 2 一四六、一六八～一六九ページ
(17) 1 二二一ページ

自己の身体とは、図と地という構造にいつも暗々裡に想定されている第三の項なのだ[18]。

さて、この「身体」という概念により、メルロ＝ポンティの『行動の構造』と『知覚の現象学』との二筋の研究は、いよいよ、一つ所に収斂する。前章を思い出していただきたい。すでに『行動の構造』において、経験論的な身体も、主知主義的な身体も、すっかり清算されていたはずだ。それによれば、私たちの身体は、物理的因果関係に還元されるものでも、精神によって操られるものでもなく、言わば、ゲシュタルトとして現われてくる世界に対し、それと表裏の関係で、ゲシュタルトとして身構える何ものかであった。

この身体はまた、仕事や、疲労や、死によって、さまざまに統合度を変化させ、「人間的」「生命的」「物理的」な三つの秩序の間を経めぐり、「人間的秩序」にある場合ですら、潑刺とした時には、より「精神的」に、疲労した時には、より「身体的」になるものでもあった。結局、メルロ＝ポンティに言わせれば、身体とは、実体ではなく、「先行秩序の捉えなおし」「新しい構造化」「有意味な自己組織化」と考えられるべきものだったわけである。結論部分を再度引用しておこう。

この二元論は実体の二元論ではない、言いかえれば、心と身体の概念は相対化されなくてはならない。つまり、交互に作用し合う化学的構成要素の塊としての身体が存在するし、生物と生物学的環境との弁証法としての身体があるし、社会的主体と集団との弁証法としての身体があるのであり、さらには、われわれの習慣でさえも、すべて各瞬間の私に感知されるとは限らない身体なのである。これら諸段階の一つ一つは、前段階のものに対しては〈心〉であり、次の段階のものに対しては〈身体〉である。身体一般とは、すでに辿られた道程の全体、すでに形成された能力の全体、つねにより高級な形態化の行なわれるべき〈既得の弁証法的地盤〉であり、そして心とは、そのとき確立される意味のことである[19]。

『知覚の現象学』では、この「すでに辿られた道程の全体」は「習慣的」もしくは「客観的身体」と呼ばれ、一方、「つねにより高級な形態化の行なわれるべき地盤」は「現勢的」もしくは「現象的身体」と名づけられ、ここにおいて、まさしく両者の「弁証法的」関係が探られることになるだろう[20]。

私たちは、歩行や跳躍の能力を身につけ、舞踊や武術の所作を会得し、ピアノやパソコンのキーボード操作に習熟することによって、身体を常に新たに形態化し続けている。もちろん、そこには

(18) 1 一七六ページ
(19) 『行動の構造』三二一〜三二二
(20) 1 一四四、一四八、一八五ページ参照

損傷や病気や加齢による負の形態化もあるだろうが、とにかく私たちは、日々、新たな形態化を実現し、新しい意味を確立し続けているのである。これに応じ、世界の様相もまた、時々刻々と変化する。武術的な心得のある向きにはお分かりのように、かつては抵抗するすべもなく蒙っていた暴力も、ひとたびこちらがそれなりの身のこなしを体得してしまえば、やがては、すきを突いて反撃できる一連の脆弱な動きにも見えてくるに違いない。

このように、新たに統合され、新たに形態化される身体のあり方を、メルロ＝ポンティは一つの「体系（システム）」もしくは一つの「図式」のようなものと考え、ヘンリー・ヘッド、パウル・シルダー、レヴィ＆キリヤコ・レールミット、アンリ・ヴァロンらの表現を借りて「身体図式」と名づけている。

身体図式

「身体図式 schéma corporel」とは、そもそも心理学や生理学の領域で、ボニエやウェルニッケの時代から使われ始めた概念である。当初はヘッドあたりの「体位図式 postural schema」に見られるように、自己身体の構えについての包括的な自覚であると考えられていた。私たちは、蚊にさされても、それが右膝の上何センチの所などと定位する必要もなく、即座に、叩いたり掻いたりすることができる。あるいはまた、机上のペンを取る際にも、椅子の背にもたれたまま腕をのばして取ることも、体を前傾させて取ることも、意識せずして自在にできる。つまり身体は、一つの体系のように、瞬時に、ある身体部位の運動を他の部位の運動に翻訳したり、ある感覚を他の感覚に置き換えたりすることができるのである。これをして、身体には一種の「行動知 prakto-gnosie」もしくは「昵懇知 savoir de familiarité」が備わっているのだと言うこともできるだろう。[21]

それればかりではない。シルダーやレールミットらの研究を経て、身体は、外部世界との間にも身体図式の「緊密な体系[22]」を張り巡らせていることが分かってきた。私たちの身体は、皮膚表面にのみ閉じ込められているわけではない。盲人は杖の先にまで手を延長していると言うべきだろうし、私たちもまた、車で狭いゲートを通る時など、思わず肩をすぼめ、車体の部分にまで身体を拡張しているではないか。

いや、比喩的な表現と言うなかれ。お望みとあれば、「ストラットンの逆さメガネ[23]」の例を引き合いに出してみてもいい。このメガネは、それをかけると世界が倒立して見え、被験者はしばらく、わずかの動作にも支障をきたし、試行錯誤をくり返さねばならなくなる。時には、目がまわって嘔

(21) 1 二三七、二四一ページ
(22) 1 九七ページ
(23) 2 六二ページ

吐に見舞われたりもするほどだが、不思議なことに、慣れるにつれ、倒立した視野は次第に逆転し、ついに外界は、そのままで従来どおりの正立像に戻ってしまうというのである。

この事実をどう考えればいいのか。知性が新たな上下関係を習得したというのであれば、視野そのものの再逆転は起こり得ない。つまりは、身体がそれを習得したのであり、身体図式が組み替えられたと考えるしかないのである。ことほどさように、知覚によって開示される世界や、その意味の前述定的な統一は、私たちの身体図式の統一に基づいているとも言えようし、むしろ、世界の統一的な現われと、身体図式の統一とは、ただ一つの事柄の裏表であると言うべきか。

こうした表裏性については、さらに身近なところで、かの「アリストテレスの錯覚」が実感させてもくれるだろう。この錯覚は、たとえば中指と薬指とを交差させて、間に鉛筆を一本置くと、それが二本あるように感じられるという、誰もが退屈しのぎの手すさびとして記憶しているたぐいのものだが、いかがだろう。これこそ、身体と世界とが表裏の関係にあり、前者の混乱はそのまま後者の混乱をひき起こす、ということの典型例を示しているのではなかろうか。つまり、私たちの通常の身体図式においては、中指の食指側と、薬指の小指側とが協働することはなく、そんな状況を無理やり作れば、世界もまたおかしな二重化を被ってしまうというわけだ。

このようにして、身体図式もしくは「身体」は、「私」が意識的に世界との関係を取り結ぶはるか以前から、世界に投錨し、世界に住み着き、世界を世界たらしめつつ、すでに決定的な形で世界に関わってしまっているのである。

匿名(アノニム)の私

私が身体を介して世界を知覚していること、もしくは端的に、身体として世界と関わっていること、これは予想をはるかに越えた含意をともなっている。というのも、身体は、私であって私ではなく、私よりもずっと長生きだからである。言い換えるならば、身体は、私が自己意識や人称意識に目覚めるよりもはるか以前からこの世に根を張り、私がそれらの意識を喪失した後にも、なおしばらく生きながらえているからである。私は、原理的に、自分自身の出生や死を意識することはできず、前人称的な地平としてしか捉えることはできない。一切の感覚もまたこの種のものである…と、メルロ＝ポンティは考える。

私は自分の出生または死の意識以上に、私の感覚の真の主体であるという意識をもつことはない。〔…〕いっさいの感覚は、厳密にいってその種の最初のものであり、最後のものであり、そして唯一のものであるからには、一種の出生であり死でもある。感覚を経験する主体は、その経験とともに始まりそして終わる。主体が自分に先立つことも自分より生きのびることもできない以上、感覚は必然的に一般性の場のなかでそれ自身にあらわれてくるのだし、私自身の手前から発する。それは私の出生と死が匿名の出生率と死亡率にくみいれられるように、自分に先立ちかつ自分より生きのびるであろうひとつの感受性に属している。感覚をとおして私は、私の人格的生活や私の本来の行為の辺縁に、それらが現われ出る源泉であるところの或るあたえられた意識生活を捉える、つまり私の眼の、私の手の、私の耳の生活——これらは同じ数だけの自然的〈自我〉なのだが——を捉える。私が或る感覚を体験するたびに、私は、その感覚が私の本来の存在、私がそれにたいして責任をもち、また私がそれを決断するところの存在、にかかわるのでなく、すでに世界に加担しているもうひとつの自我にかかわることを体験する。(24)

このようにメルロ＝ポンティは、目や手や耳、つまり「自然的自我」「匿名の私」としての身体が、私よりも以前から世界との関係を取り結んでいるのであり、やがて出現してくる精神や人格は、それらの関係を遅まきに取りまとめ、統合し、高度な関わりにもたらすだけだと言うのである。おかげで私たちは、日々、非人間的なところから、すぐれて人間的と呼ばれるところまで、多様なレヴェルの行為をやすやすと横断してゆくことができる。疲労して、眠りについた私は、かろうじて心臓が脈打ち、胸郭が上下するだけの、言わば匿名の「循環的な私」「呼吸的な私」になりさがっている。だが、ある時ふいに、これに火がともるようにして意識が甦り、私たちは覚醒するのである。もしも私たちが、全き精神でもあるならば、私たちはもはや、眠ることも、眠りから醒めることもできはしまい。私とは、私の意識ではなく、私の身体なのである。

世界内存在

こうして、ついに私たちは、メルロ＝ポンティの「世界内存在 être au monde」という表現が意味するところにたどり着く。もちろんこれは「序」でも触れておいたように、ハイデガーに由来し、サルトルも頻用する概念のヴァリアントではあるのだが、彼らの言う「世界‐内‐存在 In-der-Welt-Sein」や「世界‐内‐存在 être-dans-le-monde」とは、どこか一味違っている。

ハイデガーは、この概念によって、「現存在」が環境世界との間に取り結ぶ「意味連関」をあらわにし、その「帰趨連関」をたどり、「用具存在」と「客体存在」との区別をたて、そこから、現存在にとっての空間性や時間性を考察していた。

なるほど、当時、観念論的かつ独我論的な色彩を強めつつあった現象学解釈に対し、この概念は、

(24) 2 二一一〜二一二ページ

最初から世界の只中に投げ込まれている私たちのあり方を強調することによって、それと一線を画す格好のスタンスを用意してはくれただろう。けれども、そうした際の意味連関や用具存在に前提される意味そのものの分析には、未だしの感があり、現存在そのもののステイタスもまた、今ひとつ定かにされてはいなかった。

これを換骨奪胎して取り入れたサルトルの「世界‐内‐存在」もまたしかり。一見したところそこには、「対自存在」すなわち意識が、世界の内でさまざまな事物の抵抗に出会う姿が、つぶさに描き出されているように思われる。しかしその実、すでに「即自存在」から峻別されてしまっている「対自存在」は、ここに用いられた「dans」という前置詞が象徴するように、何かこうガランとした空間の中に、おざなりに据えられたまま、結局どこまで行っても、周囲の鈍重な事物と関わるすべを持ち得ないのである。

メルロ＝ポンティは、こうした点について、きわめて意識的に臨んでいた。世界内存在は、すでに意味連関を意味連関として把握できる主体や、すっかり意識になりきれる主体のレベルで語られてはならない。主体としての私の意識が登場するよりも前に、「匿名の私」としての諸器官は、すでに世界をまさぐり始めており、知覚は、前人称的、前客体化的な層において生起している。つまるところ「身体」は、ハイデガー的「現存在」やサルトル的「対自存在」よりもはるかに先がけ、すでにのっぴきならぬ形で世界と関わってしまっているのである。これをしも「世界内存在」と言わずして、何と呼ぶべきか…彼はそんなふうに考え、世界内存在を論じるべき位相をずらし、「現

郵便はがき

料金受取人払

本郷局承認

5197

差出有効期間
2024年1月
31日まで

113-8790

（受取人）

東京都文京区
本郷7-2-8
吉川弘文館　営業部内
〈書物復権〉の会　事務局行

ご住所　〒 TEL	
お名前（ふりがな）	年齢 代
Eメールアドレス	
ご職業	お買上書店名

※このハガキは、アンケートの収集、関連書籍のご案内のご本人確認・配送先確認を目的としたものです。ご記入いただいた個人情報は上記目的以外での使用はいたしません。以上、ご了解の上、ご記入願います。

11 出版社　共同復刊
〈書物復権〉

岩波書店／紀伊國屋書店／勁草書房／青土社／創元社
東京大学出版会／白水社／法政大学出版局／みすず書房／未來社／吉川弘文館

の度は〈書物復権〉復刊書目をご愛読いただき、まことにありがとうございます。

書は読者のみなさまからご要望の多かった復刊書です。ぜひアンケートにご協力ください。

ンケートに応えていただいた中から抽選で10名様に2000円分の図書カードを贈呈いたします。

2023年1月31日到着分まで有効）当選の発表は発送をもってかえさせていただきます。

お買い上げいただいた書籍タイトル

この本をお買い上げいただいたきっかけは何ですか？
書店でみかけて　2．以前から探していた　3．書物復権はいつもチェックしている
ウェブサイトをみて（サイト名：　　　　　　　　　　　　　　　　　　　　）
その他（　　　　　　　　　　　　　　　　　　　　　　　　　　　　　　　）

よろしければご関心のジャンルをお知らせください。
哲学・思想　2．宗教　3．心理　4．社会科学　5．教育　6．歴史　7．文学
芸術　9．ノンフィクション　10．自然科学　11．医学　12．その他（　　　　）

おもにどこで書籍の情報を収集されていますか？
書店店頭　2．ネット書店　3．新聞広告・書評　4．出版社のウェブサイト
出版社や個人のSNS（具体的には：　　　　　　　　　　　　　　　　　　）
その他（　　　　　　　　　　　　　　　　　　）

今後、〈書物復権の会〉から新刊・復刊のご案内、イベント情報などのお知らせを
お送りしてもよろしいでしょうか？
はい　　　　　　　　　2．いいえ

はい、とお答えいただいた方にお聞きいたします。どんな情報がお役に立ちますか？
復刊書の情報　2．参加型イベント案内　3．著者サイン会　4．各社図書目録
その他（　　　　　　　　　　　　　　　　　　　　　　　　　　　　　　　）

書物復権の会〉に対して、ご意見、ご要望がございましたらご自由にお書き下さい。

存在」や「対自存在」よりもさらに深い層において、身体と世界との「交流 communication」もしくは「聖体拝領 communion」の種々相を描き出してゆく。

こうした発想は、メルロ＝ポンティの表現の細部にまでも生かされており、私たちはその典型的な例を、まさしく「世界内存在 être au monde」という表記の中心に置かれた前置詞と定冠詞との縮約形「au」の内に看て取ることができるだろう。「au」は、多少ともフランス語を学んだ経験があればお分かりのように、前置詞「à」と定冠詞「le」とが結びついてアマルガムのようになったもの。前置詞「à」は、到達点を示すとともに、そこへの方向性、そこへの帰属性をも含意している。これが「世界 monde」に冠せられた定冠詞「le」と結びついて「au」の形をとり、「世界」と「存在 être」とを媒介しているとするならば、それはまさに、彼の「世界内存在」が、常に、世界に直面し、世界へと向かい続け、世界に内属し、ついには世界と分かちがたく融合してしまっていることを、見事に象徴するものであるだろう。

「世界内存在」としての私たちは、原基として、地平として、体系としての「身体」を持ち、「真理」もしくは「意味」への歩みとしての「知覚」を行使しながら、のっぴきならぬ形で、常に、既に、「世界」と関わり合ってしまっている。――いかがだろうか。こんなふうにしてメルロ＝ポンティの基本的なスタンスは、『知覚の現象学』において、すっかり確立されていたのである。

『ヒューマニズムとテロル』から
『弁証法の冒険』へ

戦後のフランス

一九四五年、大戦の終結とともに『知覚の現象学』が公刊されると、メルロ＝ポンティの名は、またたく間に世に知られるようになった。彼はこの書を主論文、『行動の構造』を副論文として学位を受け、やがてリヨン大学の専任講師にも就任。パリとリヨンとを往復しながら、研究に執筆に、旺盛な活動を展開することとなる。

とりわけ、この年の一〇月には、サルトル、ボーヴォワール、ミシェル・レリス、レイモン・アロンらとともに、今日にまで続くオピニオン誌『レ・タン・モデルヌ（現代）』を創刊。当時、すでに著名であったサルトルを主幹に置きながらも、実質的な運営や編集はメルロ＝ポンティが行なっていたらしい。そんな状況にあって、また、四〇年頃から深く関わってきたレジスタンス運動の余波もあってか、この時期から、彼の政治的・社会的な発言は急増する。本章では、特に『ヒューマニズムとテロル』（一九四七）と『弁証法の冒険』（一九五五）との二作品に焦点を合わせ、メルロ＝ポンティのいわゆる「社会参加（アンガージュマン）」の側面に光をあててみることにしよう。

ところで、このアンガージュマン、ご存知のように、サルトルを中心とする戦後のフランス実存主義におけるキーワードの一つだが、それが担う意味の重みを感じ取るためには、当時の知識人たちが置かれていた特別な状況について、少しく言及しておく必要があるだろう。『レ・タン・モデルヌ』の仲間たちが生まれたのは一九〇〇年代の初頭。もの心ついた頃には第一次大戦が勃発し、やがて第二次大戦には、自らが従軍することにもなってくる。そんな時代背景が彼らの思想を大きく左右したと言うだけでは、いやしくも哲学の領域において短絡のそしりは免れまいが、ともあれ、両次大戦が、彼らの間に「心的外傷性記憶（レミニッサンス・トローマティック）」とでもいうべきものを残したことは確かである。

第一次大戦の直後、詩人ポール・ヴァレリーは、いち早く「精神の危機」という一文を発表し、そこで「戦火の教訓」を述べ、「異常な戦慄がヨーロッパの骨の髄をかけめぐった」と記している。なるほど、軍事的危機はひとまず去ったかのように見え、経済的危機もそれなりに耐え忍ばれてはいるものの、ヨーロッパは「意識を失いかけており」、「知性の危機」は「容易にその基本点、その様相をとらえられない」ほど深刻だと言うのである。

当時のフランスは、勝利の喜びにわきかえっていたものの、その裏では、総人口の一六パーセントが死亡しており、とりわけ青年層の二七パーセントが失われてしまっていた。戦勝国でさえこうだとすると、敗戦の憂目にあったドイツ、オーストリア、イタリアなどの痛手はいかばかりであったのか。ヨーロッパ全体では、非戦闘員を含め、死者の数は二〇〇〇万人にものぼったと伝えられている。

そのうえ、第一次世界大戦は、従来の戦争と比べて決定的に異なる側面を持っていた。つまり、実質的な戦いはまだヨーロッパの近辺に限定されていたとはいえ、まがりなりにも戦争は世界規模のものとなり、国家の利益を背景に、国民的エネルギーを糾合して行なわれる総力戦となっていたのである。もはや「遠からん者は音にも聞け」だとか「見事な御最後でござった」などの浪花節が入りこむ余地はどこにもない。戦争には、近代の叡知が結集され、それが大規模な合理化と組織化とによって、ひたすら殺戮の道具に仕立て上げられていた。

だからこそ歴史家の中には、あえてこの第一次大戦の方が、はるかに大規模な第二次大戦よりもむしろ、ヨーロッパ人には大きなショックを与えたと論じる者もいるのである。昨日までは仲良く暮らしていた国境の村人たちが、今日は敵味方に分かれて殺し合う。食料の欠乏から、たった一切れのパンをめぐって人間性はかなぐり捨てられる。兵士ばかりではなく、銃後の婦女子までが一塊の肉片と化して横たわる…そんな光景を未曾有(みぞう)のスケールで目のあたりにした者が、思想の根底をゆるがされないはずはないだろう。

あるいはまた、かつてパスカルの感じ取っていた「神の沈黙」が、もしくは、世紀末にニーチェが独りごちた「神は死んだ」という言葉が、大戦を機にして、にわかにヨーロッパ全土で意識されるようになってきた、と、そう考えてみてもいい。

日ごろ私たちは、それなりの価値観や世界観に守られて安定した生活をおくっているが、ふとしたことでこれに亀裂が走ると、とたんに、足元では深淵がぽっかりと口をあけていることに気づかされてしまう。理不尽な光景を前にして、たった一人、よるべもなく、虚空に宙吊りにされているとでも言うべきか。ともかく、長い伝統の上にしっかりした世界観を打ち立ててきたはずのヨーロッパ人にとって、こうした経験はまさしく前代未聞のことであったに違いない。こんなにもすばらしい文明を築き上げてきた近代知が、これほどにも痛ましい殺戮の道具になりさがるとは…おそらく、その惨状を「わが眼をもって見た」と言うヴァレリーをはじめ、多くの知識人たちが、自分自身の根拠を疑い、ヨーロッパ近代の根拠を疑ったのも当然であるだろう。

実存主義の登場――実存が本質に先立つ

こうして、神にも近代理性にも見放され、戦後の瓦礫の下に取り残された人々は、それでも生きていかねばならなかったし、崩壊した人間関係を立て直していかねばならなかった。パリで「実存主義（エグジスタンシアリスム）」の運動が一躍脚光を浴びるようになったのは、この時である。一九四五年一〇月、「クラブ・マントナン」で行なわれた『実存主義はヒューマニズムか？』と題するサルトルの講演は大変な評判を呼び、翌年には、それが書物となって流布。やがて、サルトル、ボーヴォワール、メルロ＝ポンティの三人の名を冠するフランス実存主義の呼称は、江湖にあまねく知られるようになっていく。サルトルは、この書において「実存が本質に先立つ」ということをくり返し強調し、それが当時の人々の心をつかんでしまったわけだが、一体これはなぜなのか。いや、そもそもこの「実存」や「本質」とは何であり、「実存が本質に先立つ」とはどういうことを意味しているのだろうか。

サルトルはこんなふうに説明する。たとえばここに一本のペーパーナイフがあるとしよう。それは手紙などを開封するという一定の用途を持ち、この用途に応じた一定の仕方で作られている。まさか、それが何の役に立つのかも考えず、やみくもに作ろうとする職人などいるはずはないだろう。したがって、この場合には、「本質」（その用途や製法の全体）が「実存」（それがそこにあるということ）に先立っていると考えられる。つまり、ペーパーナイフにおいては「実存が本質に先立つ」のではなく、むしろ「本質が実存に先立つ」ことになるわけだ。

では、人間の場合はどうなのか。もちろん人間はペーパーナイフのように職人によって作られるものではないが、にもかかわらず西洋思想においては、いつもペーパーナイフ同様の考え方がなされてきた。そう、そこには創造者＝職人としての神がいて、この神が、あらかじめ人間の本質を定め、それに応じて人間を創造＝製作するのだと考えられてきたのである。

その後、時代は下り、神への信仰が衰えても、いぜんとして「本質が実存に先立つ」という発想法は変わらず、それはディドロにもヴォルテールにもカントにも踏襲されている、とサルトルは考える。神から授けられていた人間の本質は、やがて世俗化した思想の中で「理性」や「人間性」といったものに変身するかもしれないが、その基本的な考え方は少しも変わっていないというわけだ。

ことほどさように、ここで用いられている「本質」と「実存」とは、サルトル流にフランス語で言えば「エサンス essence」と「エグジスタンス existence」だが、この表現はそれぞれ、中世以来の哲学で使われてきたラテン語の「エッセンツィア essentia」と「エクシステンツィア existentia」とに対応している。簡単に言えば「エッセンツィア」は「何かが持つ意味」であり、「エクシステンツィア」は「何かが在ること」となるだろうか。あるいはまた、「エッセンツィア」は「何々は〜である」という時の「デアル存在」、「エクシステンツィア」は「何々がある」という時の「ガアル存在」と呼んでみてもいい。

そうだとすれば、ペーパーナイフも被造物である人間も、まずはそのエッセンツィアとしての存在意味が最初にあり、その後ようやく、エクシステンツィアとしてそこに存在するのだと言うことができるだろう。ところがサルトルは、人間存在についてはあえてこれを逆転し、「実存が本質に先立つ」とするわけだ。彼の言いぶんを聞いてみよう。

> 実存が本質に先立つとは、この場合なにを意味するのか。それは、人間はまず先に実存し、世界内で出会われ、世界内に不意に姿をあらわし、そのあとで定義されるものだということを意味するのである。実存主義の考える人間が定義不可能であるのは、人間は最初は何者でもないからである。人間は後になってはじめて人間になるのであり、人間はみずからが造ったところのものになるのである。このように、人間の本性は存在しない。その本性を考える神が存在

しないからである。(1)

こんなふうにサルトルは、「実存が本質に先立つ」と言うことによって、人間存在の徹底した偶然性とでもいうべきものを表現する。私たちは、あらかじめ決まった本質を授けられてこの世にやってくるのではない。ただ理由もなく、突如としてそこに存在するだけなのだ…こうした考え方は、いかにも焦土に取り残された人々にふさわしく、結局、実存を強調することは、「神の不在」を語るとともに、それまでの西洋思想を清算して、そこから雄々しく一歩を踏み出そうとする彼らの決意を語ることにもなるだろう。

もっとも、「エッセンツィア」と「エクシステンツィア」との逆転については、ハイデガーの指摘どおり、「逆転は逆転に過ぎず、両者の布置は変わらない」といったたぐいの批判をまぬがれるわけにもいかないが、まずは大ざっぱな決意表明とのみ見るならば、こうした態度は、サルトルばかりでなく、ボーヴォワールにもメルロ＝ポンティにも、少なくとも戦後フランスの実存主義世代の人々には、広く共有されていたと言うべきか。

(1) サルトル『実存主義とは何か』伊吹武彦訳　人文書院　一八～一九ページ

共産主義——隣の芝生は青い

そんなわけで、思想においても実生活においても、すべてを新たに組織し直さねばならなかった当時の人々が、何よりもまず必要としていたのは、社会変革の理論であった。メルロ＝ポンティやサルトルが、マルクス主義もしくは共産主義にこだわり続けたのも、その証左となるに違いない。たしかに、ソヴィエト連邦が崩壊し、グローバル資本主義が世界を席捲してしまった今日からすれば、思いもよらぬことだろうが、当時、マルクス主義や共産主義は、多くの知識人たちにとって、時代を変革するための最も有望な実践理論と見なされていたのである。

想像してもいただきたい。一九一七年のロシア革命の時、メルロ＝ポンティたちは一〇歳前後。そこから三〇年近い歳月を経ながら、共産主義社会の存在は、同時代における別世界（アナザー・ワールド）の可能性として、ごく間近に感じられていたわけだ。とりわけ、戦争によって西側諸国の価値観が大きくゆらいでいる時に、隣の芝生が青く見えないはずはない。メルロ＝ポンティもサルトルも、ついに入党こそしなかったが、共産主義に対する自己のスタンスを測り続けていた。

とはいえ、ソヴィエト内部もまた試行錯誤の連続。経済政策の失敗や権力闘争は続き、理想からは程遠いありさまを呈していた。すでに一九三六年の夏、それまで共産主義に好意的だった大作家アンドレ・ジッドが、ゴーリキーの葬儀に参加し、そこで見聞した「革命精神の死滅」や「画一主義」を『ソヴィエト旅行記』にしたためたところから、この社会に対する西側知識人たちの信頼感はゆらぎ始める。

まさにこの年の九月、スターリンによるいわゆる「大粛清」の嵐が巻き起こり、翌三七年には、トハチェフスキーを筆頭とする高官たちが「ナチスのスパイ」として処刑され、三八年の第三次モスクワ裁判では、ブハーリンらの死刑も確定。それればかりではなくソヴィエトは、スペイン市民戦争においても自国の利益を守るため、あろうことか「トロツキストたちを殺し」[2]、義勇軍の反ファシズム共同戦線をおびやかしてもいたのである。

こうして、独ソ不可侵条約の締結とともに、まさかのナチスとさえ手を組んだソヴィエトは、ついに西側の多くの共産主義シンパたちにとって「落ちた偶像」と成り果てる。この時、フランス共産党からの離脱者は、党員の三分の一にものぼったというが、メルロ＝ポンティの周辺では、とりわけ、友人ポール・ニザンの離党が物議をかもしていた。以後、共産党はニザンを誹謗し、彼は失意の内にダンケルクの近郊で戦死する。後にメルロ＝ポンティは、ノスタルジックな筆致で、この時の友の心境を記すことになるだろう。

ニザンは、コミュニストであるということは、みずから選んだ役を演ずるのではなく、それ

（2）　H・R・ロットマン『セーヌ左岸』天野恒雄訳　みすず書房　七五ページ

と知らずにもう一つの役をふられているドラマのなかに取り込まれることであり、〔…〕頭のなかでの約束を越えてゆく、生涯にわたる企てであることに気づいていった。〔…〕もしも年月をかけた仕事と行動とが、一瞬のうちに愚弄されうるものなら、それならば俺にはできない、それならばお断り（ノン）だ、と彼は考えるのだ。[3]

冷戦構造の中で

こうした共産主義をめぐる人々の忠誠と転向とのドラマは、そのまま戦後にまでひき継がれ、やがて、冷戦構造の両極化された価値観の中にからめとられてゆく。たとえば、一九四〇年に転向者アーサー・ケストラーが公刊した小説『真昼の暗黒』は、四五年に仏訳されて大当たりをとっているが、そこでは共産主義への幻滅が幾重にも増幅されており、おかげで、この書も作者も、すぐさま反共宣伝の一端を担わされることになるのである。

ケストラーばかりではない。あのジッドも、イグナツィオ・シローネ、リチャード・ライト、ルイス・フィッシャー、スティーヴン・スペンダーもまた然りなのだ。やがて一九五〇年にはリチャード・クロスマンが、これら一連の作家たちの手記を集め、『神は躓く』という一書を編むことになるだろう。それによって、反共主義者は気勢をあげ、共産主義者は硬化する。サルトルが『レ・タン・モデルヌ』誌に「唯物論と革命」(一九四六)を発表したのもまた、こうした両陣営のかけひきの真っ只中であった。

彼は、これを書いた動機について「唯物論のふくむ個々の真理を全体として秩序づけ、やがて、この神話とまったく同じくらい革命の要求にかなう一哲学を建設すること、それは哲学者の課題である」と記している。そのうえ、ご丁寧にも、冒頭部にはつぎのような注までが置かれているのである。

断わっておくが、私の批判はマルクスに向けられたのではなく、一九四九年のマルクス主義のスコラ学に向けられたものである。あるいは、言うなら、スターリン的新マルクス主義を通じてマルクスに向けられたものだ。(4)

してみると彼には、反共プロパガンダを行なう意図など、さらさらなかったわけで、この書が提起したのは、哲学者の立場からする俗流唯物論批判、もしくは、スターリン流の粗雑な「反映論」

(3) 『シーニュ』1 四五ページ
(4) サルトル『シチュアシオン』Ⅲ 佐藤朔他訳 人文書院 九四ページ

批判、といったものでしかなかったことになるだろう。サルトルは大まじめに、マルクス主義の再構築を考えていたのである。けれども、冷戦構造の只中では、ことはそう単純には運ばない。この作品もまた、すぐさま自由主義陣営の恰好の餌食となり、反共材料として使われることになってしまった。

社会においては、時として、人も作品も、それ自体の意図をはるかに越えて流通してしまう。そんな転向者たちの運命、あるいは、友人サルトルの著作の運命をはっきりと意識しながら、メルロ＝ポンティの『ヒューマニズムとテロル』は書かれているのである。

『ヒューマニズムとテロル』の問いかけ

慎重に練り上げられた本書の冒頭は、こんな感じで始まる。

共産主義が論難される際にはよく、嘘言と策略に対しては真理の尊重、暴力に対しては法の尊重、プロパガンダに対してはそれぞれの意識の尊重、そして最後に、政治的現実主義に対しては自由主義的な諸価値が対置される。それを受けて共産主義者たちは、数々の民主制にあっては、自由主義的諸原理の仮面の下で、奸計、暴力、プロパガンダ、原理なき現実主義が、対外政策もしくは対植民地政策の、更には社会政策の実質を成している、と応酬する。法と自由の尊重はかつてアメリカでは官憲による罷業の阻止を正当化するのに役立ったし、今日でも、インドシナやパレスティナでの軍事的抑圧や中東でのアメリカ帝国の伸長を正当化するのに役立っているではないか。イギリスの開化も植民地での搾取を物心両面で前提としている。原理の純粋さは暴力を黙認するだけでなく、それを要請してさえいる。だから、自由主義の瞞着なるものがあるのだ。(5)

時あたかも、イギリス首相チャーチルが「ヨーロッパは立ち上がる」という演説を行ない、ヨーロッパは「自由、正義、名誉、義務、人間愛」を意味すると語っていたところである。何たる符合、そしてまた何たる皮肉だろうか。「アメリカ帝国の伸長」云々もまた、そのまま今日の世界情勢に当てはまりそうな分析だが、それはともかく、こうした事情から、共産主義をめぐる論議は、原理の地平に立ってではなく、そこで働いている実際の人間関係の地平に立って行なわれねばならない、とメルロ＝ポンティは主張する。つまり、自由主義的な諸価値を振りかざして共産主義を批判しよ

(5) 『ヒューマニズムとテロル』一一ページ

うとするのではなく、共産主義は本当にそれが提起した問題を解決し、しかるべき人間関係を打ち立てようとしているのか否かが吟味されねばならないと言うのである。彼が、反共の書として流通しているケストラー作品を細かく分析するのは、そのためであった。

『真昼の暗黒』の主人公ルバショフは、革命のために良かれと思ってやったことが仇になり、裏切り者の汚名をきせられ、ついに処刑されるという運命をたどる。これはまぎれもなく第三回モスクワ裁判におけるブハーリンをモデルとしており、小説はひとえに、この裁判の理不尽さを訴えているのである。

だが、とメルロ＝ポンティは考える。もちろん、粛清裁判を擁護するつもりも、ブハーリンの忠誠を疑うわけでもないのだが、この裁判には、自由主義的な批判をすり抜けるもう一つの真実が隠されており、ブハーリン自身もまた、それをはっきり認めていたのではないか、と彼は考えるのだ。ブハーリンは、「裏切り」という罪状を決して認めない。しかし、それにもかかわらず、従容として死刑判決は受け入れる。まるでソクラテスの最期を思わせるようなこの態度は、いったい何を意味するのか。

ブハーリン裁判の記録は、たとえば次のようになっている。検事ヴィシンスキーはブハーリンに対し、体制反対派がドイツと裏取引するのを黙認したと糾弾。結局は、ブハーリンもそれに加担していたと考え、その言質を彼自身の口から取ろうとする。けれども、ブハーリンはこう答えるばかりなのだ。

ブハーリン　同志検事よ、繰り返すが、私が反対しなかったからには、それは私が賛成したということだ。
ヴィシンスキー　結局は貴下は賛成したのか。
ブハーリン　もし私が反対しなかったのなら、結局、私は賛成したことになる。
ヴィシンスキー　それを私は貴下に尋ねているのだ。つまり、貴下は賛成したのですか。
ブハーリン　「結局は」は「つまり」に等しい。
ヴィシンスキー　つまり。
ブハーリン　つまり、私はそれに賛成したのだ。

彼は、糾弾されれば同意する。だが、この微妙なニュアンスはどうだろう。ここでブハーリンに残されている武器はといえば、アイロニー以外、何もない。だからこそ、この対話の中で彼が暗示するしかなかったことを読み取るのは、私たちの務めなのだ、と、メルロ＝ポンティは言う。いつに変わらぬ、「未だ黙して語らぬ経験をこそ、その経験本来の意味の純粋表現へともたらすべきである」(6)という姿勢が現われ、彼は「読み方を学ぶべきだ apprendre à lire」(7)とくり返すのである。
では、ブハーリンが黙して語らなかったこととは何なのか。それはつまり、私たちには、自らが欲したことについてのみ責任があるのではなく、出来事に促されて偶々行なってしまったことについても責任があるということだ。

歴史、この間主観性の領域

私たちは世界内にあって、常に、なすべきかなさざるべきか、これをなすべきかあれをなすべきかと悩みつつ、日々の行為を選択しながら生きている。ここにおいては、何もしないということも、当然、一つの選択肢としての意味を持つわけで、手をこまねいていることは現状を是認することにもなるだろう。

そのうえ私たちは、歴史の中で、しばしば状況の全貌が把握できないままに決断を迫られることもある。投資や信用取引からはじまって、選挙や国際間の取り決めに至るまで、すべてそこには、何らかの賭金がかけられているはずだ。そしてこのリスクは、非常事態下では、命懸けのものにさえなってくる。メルロ゠ポンティの世代は、ナチスの占領下で、自らの死活をかけた選択をしなければならなかった。ある者たちは、レジスタンスにくみして地下に潜り、またある者たちは、コラボ（対独協力者）となって自分たちの未来を模索したのである。

だが、あるレジスタンスの活動家は、解放を夢見て戦っていたにもかかわらず、仲間たちがフランス国内軍ミリスの捕虜になり、もはや救い出せないことを悟ると、彼らと運命を共にするため、囚われの村に戻っていった。[8]あるいはまた、明らかに保身や日和見とは無縁の対独協力者もいたけれど、戦後の彼らを待ち受けていたのは、戦犯裁判であり、不名誉な売国奴の烙印であった。このように、歴史はいつもままならない。「オイディプスは自分の母親と結婚することも自分の父親を殺害することも欲しなかったが、彼はそれを行なったのであり、この事実は罪に値する」[9]というわけだ。

共産主義の実現に向けてもまた、人々はそれなりの賭金をかけて参加する。そこには、俗流唯物弁証法が唱えるような歴史的必然性のレールが敷かれているわけでもないし、参加主体の意図がすべてを決定しうる保証もない。ブハーリンもまた、彼なりの見通しをもって選択し、己が行為に恥じるところはなかった。けれども彼は、その意図をはるかに越えて自らの責任をとったのだ、と、そうメルロ＝ポンティは見るのである。

(6) 『ヒューマニズムとテロル』九三ページ。本書、五四ページ参照

(7) 同書、二七ページ。『ヒューマニズムとテロル』は、『レ・タン・モデルヌ』に連載された記事「ヨギとプロレタリア」「読み方を学ぶべきである Apprendre à lire」をまとめ、訂正・補筆したものである。

(8) 同書、四二ページ

(9) 同書、三三ページ

これはまさしく、社会参加（アンガージュマン）を歴史の次元に置き、その歴史を間主観性の問題圏に正しく位置づけることによって、自由主義的お題目をふりかざすケストラー流の欺瞞的反共思想と、ブハーリンを理解せぬままに抹殺しようとする石頭の共産主義思想とを、双面の敵とすることに他ならない。『知覚の現象学』以来の、経験論と主知主義とのはざまに道をとり続けようとする彼の面目躍如たるところだろう。[10] 俗流共産主義は、経験論同様、主体の外に既成の革命路線を置く。欺瞞的反共主義は、主知主義同様、主体の唱える内容空疎なスローガンを隠れ蓑とする。いずれにしても、みずからの全存在を賭して現実とわたり合うことを避けているのである。だが、そんな悠長なことをしている場合ではない。

ペギーが歴史的停滞期と呼んだものを体験するとき、政治的人間が既成の体制や権利を管理するにとどめるとき、そのようなときには暴力なき歴史を希望することができる。ある国民もしくは社会の伝統的土台が崩壊してしまい、否応なしに、人間がみずから人間的諸連関を再構築しなければならないような時期のひとつを、そうした時代を、幸か不幸か生きなければならないときには、各人の自由は他人たちの自由を死の危険にさらし、再び暴力が出現することになる。[11]

共産主義の擁護――激するカミュ、自制するメルロ、仲裁するサルトル

したがって、「人間がみずから人間的諸連関を再構築しなければならないような時期」に、お題目を唱えるばかりの自由主義は欺瞞的だが、同時に、新しい人間関係構築のためと称して「暴力」を用いながら、その中に居続けようとする似非共産主義の陥穽というものもあるに違いない（まさしく現在のどこかの国のように！）。だからこそメルロ＝ポンティは、「マルクス主義の本質的課題は、人間的未来へと己を乗り越えていくような暴力を追求することであろう」[12]と語り、その使命をプロレタリアートの内に見ようとするのである。

当時の社会にあって、共産主義者ならずして共産主義を直視し、ここまで自己のスタンスに意識的でありえた思想家は、果たしてどれほどいただろうか。後にサルトルは、こう証言している。

私は読み、教えられ、しまいには読むのに熱中するようになった。彼は私のガイドであった。

---

(10) 『知覚の現象学』1　三五五ページ参照
(11) 『ヒューマニズムとテロル』六〜七ページ
(12) 同書、八ページ

私に思い切ってふみきらせたのは『ヒューマニズムとテロル』である。小冊とはいえ、きわめて密度の高いこの本のおかげで、私は方法と対象とを明かしてもらった。それは私に退嬰主義から脱するために必要な刺戟をあたえてくれた。周知のように、それはいたるところで世の非難憤激を買った。⑬

憤激した人々の中には、あのアルベール・カミュもいた。『コンバ』紙の舵取りをしながらサルトルやメルロ＝ポンティとも意見交換していた彼が、ある意味では『ヒューマニズムとテロル』によって、決定的にこの二人と決裂することになるのである。もう少し、サルトルの思い出から引用してみよう。

或る夜、ボリス・ヴィアンの宅で、カミュがメルロはモスクワ裁判を正当化しているといって責めかつ非難した。それは痛ましかった。私は今なお彼らの様子が眼にうかぶ。カミュは激しており、メルロ＝ポンティはいささか青ざめて、丁重だが確固たる様子であり、カミュは激情を誇示するが、メルロの方は自制している。突然、カミュは身をひるがえして出ていってしまった。私はジャック・ボストと共に彼のあとを追いかけて、ひと気のない通りで彼に追いついた。私はともかくも彼にメルロの考え方を説明しようとこころみた。そんなことはメルロがすることを潔しとしないことであった。だが結果はただわれわれがけんか別れになっただけのことであった。われわれがふたたび仲直りするには半年以上と偶然の出逢いとが必要だった。この思い出は私にとって気持のいいものではない。調停役を買って出るなんて何と愚かな企てだろう！　全くだ。私はメルロの右、カミュの左にいた。

こうして、歴史の気まぐれは、親しい者同士を嵐の中で翻弄し、彼らをそれぞれ違った岸辺に打ち上げることになる。激動の時代は、そんなふうに推移していった。

サルトルとの決別

それにしても、歴史とは本当に皮肉なものである。メルロ＝ポンティによって「教えられた」はずのサルトルが、やがて、当の教えの頑（かたく）なな護教者になろうとは、この時いったい誰に予想することができただろうか。以後、彼は急速に共産主義者たちと接近し、その擁護に、これ努めることと

(13)　サルトル『シチュアシオン』Ⅳ　一八一ページ

なるのである。いずれにもせよ、東西両陣営のプロパガンダはますます激しさを増し、あらゆる人々を二分しながら狂信の渦に巻き込んでいく。そのさなかにも、メルロ＝ポンティは変わることなく、冷静に時代の動きを分析していた。

民主主義の仮面をかぶったアメリカ帝国主義は、国内の「赤狩り」に狂奔する一方、トルーマン＝マーシャル・プランを餌に、西側諸国での覇権を確立しつつある。ところが、これに対して、万人の未来を語るはずであったソビエトの側でもまた、理不尽な粛清や驚くべき収容所(ラーゲリ)の事実が、ダヴィッド・ルーセらによって次々と暴露されていた。メルロ＝ポンティは、両者のはざまに活路を求めようとするが、ままならない。それどころか、折も折、彼にとっては青天の霹靂ともいうべき事件が勃発する。朝鮮戦争であった。

朝鮮戦争については、今日においてさえ、南北どちらの陣営に責を帰すべきか、決めるのは困難だが、当時、火を見るよりも明らかだったのは、北朝鮮軍が物理的に先手を打ち、一挙にソウルまで攻め込んだことである。ついに恐れていたことがやってきた。共産主義を擁護するのももはやこれまで、と、メルロ＝ポンティは見切りをつけたに相違ない。「もしも年月をかけた仕事と行動とが、一瞬のうちに愚弄されうるものなら、それならば俺にはできない、それならばお断りだ(ノン)[14]」——後年、ニザンに託して記すべき痛切な思いが、この時、まさしく彼自身の内に去来していたことだろう。サルトルはメルロ＝ポンティの「一九五〇年の豹変[15]」について書いている。

夏が来た。朝鮮人たちはお互いに戦争をはじめた。そのニュースがわれわれのもとへ達したとき、われわれは袂を別っていた。〔…〕メルロ＝ポンティにとっては、他の多くの人々にとってと同様に、一九五〇年は決定的な年であった。彼はスターリンの教義を仮面なしで見とどけたと思い、またそれがいわばボナパルチスムだと思った(16)。

メルロ＝ポンティは「ニューヨークでエレベーター・ボーイになる(17)」というブラック・ユーモアを沈鬱な面持ちで語りつつ、この時を境に、『レ・タン・モデルヌ』誌上では、急速に沈黙がちになってゆく。サルトルはそれを非難した。「結局、共産党員の逮捕に対しても、インドシナ戦争の国際問題化を望む者に対しても、きみは何もしなかった(18)」という手紙をメルロ＝ポンティのもとに送りつけ、回想録でも「彼は間違いを犯したと思った瞬間に政治を棄てた」と断罪するのである。だが、それはお門違いというものだ。メルロ＝ポンティは「世捨人になった(19)」わけでもなければ、

(14) 注(3)参照
(15) 『サルトル／メルロ＝ポンティ往復書簡』一八ページ
(16) サルトル『シチュアシオンⅣ』一九七〜一九八ページ
(17) 同書、二〇一ページ
(18) 『サルトル／メルロ＝ポンティ往復書簡』同所
(19) サルトル『シチュアシオン』Ⅳ　二二〇ページ

「非＝知の暗夜の中にもぐっていった[20]」わけでもなかった。そうではなく、彼はただ「朝鮮戦争以降、事件が起きるのにあわせて書くのはもう止めようと決心した[21]」だけなのだ。たとえば、彼は「ストックホルム宣言」に署名しようとしたが、そこには共産主義のペテンが見え隠れしていた。原子爆弾廃絶という誰にも非難しようのないスローガンの裏には、あらゆる軍事情勢を、ソ連有利に運ぼうとする意図が抱き合わせにされていたのである。

サルトルはやすやすとこの罠にはめられた。いやむしろ、意図して共産主義のプロパガンダに乗っていったと言うべきか。この時、『ヒューマニズムとテロル』の教えに忠実なのは、むしろサルトルの方であった。両陣営がともに悪事を働くとしても、それでもなお、希望を託すべき側を大胆に推さねばならぬ、と、彼は主張する。メルロ＝ポンティの側からすれば、もはやこの主張は、アナクロニズム以外の何物でもなかったことだろう。

そのうえサルトルは、一九五四年五月の訪ソ後、『リベラシオン』紙からのインタビューを受け、何と、「批判の自由はソビエト連邦では全面的だ。接触は考えられる限り広範で、開放的で、容易である[22]」などと、トンデモ発言をくり返しているのである。事ここに至り、ついにメルロ＝ポンティが、彼と袂を別つ決心をしたのも無理はない。

『弁証法の冒険』——アラン、マクス・ヴェーバー、ジェルジ・ルカーチ

『ヒューマニズムとテロル』の刊行から八年。いよいよメルロ＝ポンティは、『弁証法の冒険』によって自らの政治的立場をサミングアップすることになる。「事件が起きるのにあわせて書くのはもう止めようと決心した」彼は、その経験を「政治の領域においてではなく、政治哲学の領域において標定してみよう」[23]とするのである。当然ながらこれは、彼がレジスタンス以来、意識的・無意識的に行なってきた実践に理論化をほどこしながら、それを『行動の構造』や『知覚の現象学』に対して整合的に配置しようとする試みにもなるだろう。この視点から読むならば、本書は、驚くほど理解しやすくなるはずだ。

冒頭は、アランが提起した「理性の政治」と「悟性の政治」との区別を論じるところから始まるが、これはそのまま、主知主義と経験論との対として読み取れるに違いない。「理性の政治」とは、一つの歴史哲学に従って問題解決をはかる理想主義的な政治理念であり、マルクス主義的な発想な

---

(20) 同書、一二三ページ
(21) 『サルトル／メルロ＝ポンティ往復書簡』三〇ページ
(22) *Interview—Les Impressions de Jean-Paul Sartre sur son voyage en Union Soviétique*, propos recueillis par Jean Bedel, in *Libération*, 15, 16, 17-18, 19, 20. juillet. 引用は一六日号
(23) 『弁証法の冒険』六ページ

どは、これに属していると言えるだろう。他方、「悟性の政治」とは、そうした独断的な哲学から歴史を俯瞰するのではなく、当面する問題を一つ一つ処理していこうという現実的かつ自由主義的な政治理念である。

アランは、この「悟性の政治」を粛々と進めるよう説いており、そこに良心的オールド・リベラリストの面目躍如たるところもあるのだが、メルロ＝ポンティは、あえてこうした二分法に疑義をはさみつつ、そこにマクス・ヴェーバーを登場させてくる。彼こそは、まさしくこの両政治のはざまを模索し、真理と暴力、知識と行動、道徳的情熱と悟性的客観性との二元論を克服しようとした思想家であるのだから、というわけだ。

ヴェーバーは社会事象や歴史事象における客観性を追い求め、そこに例えば、あの名高い「理念型（イデアル・テイプス）」の概念を導入することにもなるのだが、この概念自体が、すでにして「はざま」の思想を体現しているとも言えるだろう。現実はすべて流動的で捉えがたい。だからこそ私たちは、散在するあまたの現象の中から本質的に知るべきものを見分け、それらに一つの像を与えねばならず、ここに登場するのが「理念型」なのだ。それは理念的（イデアル）と言いながらも、事象そのものによって要請されているのだから、単純に理性的ではない。また、事象によって要請されてはいるが、その本質部分を見分けるのはあくまでも私たちなのだから、アランの言う意味では、単純に悟性的でもあり得ない。そんなふうに考えていけば、この理念型を確立する操作は、何とあのフッサールの「本質直観」に似ており、そこで得られる理念型もまた、何とあの「ゲシュタルト」に似ていることだろうか。

つまるところヴェーバーによれば、社会的・歴史的な事象は、時間を通じて遠近法的に配置される理念型であり、ゲシュタルトなのであって、そこでの真理はたえず更新され、歴史の中に日付を持たずにはいられない。これは、かつてメルロ＝ポンティが『知覚の現象学』で論じていた知覚の真理性と同じタイプのものなのだ。

したがって、ヴェーバーの考えを徹底すれば、いずれは真理の相対性にたどり着き、日々新たな真理を追求する実践理論も考案されねばならなくなるはずだが、残念ながら、彼はこの道を行き着くところまで行きはしなかった…とメルロ＝ポンティは考える。「彼は現在と過去との循環、われわれの表象と現実的歴史との循環を、いつになっても悪循環だとみなし続け、依然として観点なき無条件の真理という観念に支配されていた(24)」というのである。

はたしてヴェーバーは、真理を相対化しすぎて、窮地に陥ってしまったのだろうか。いやいや、そうではなかろう。むしろ、未だ十分に相対化していなかったことこそが彼の問題なのだ、と、そう異論を唱えた者がいる。ヴェーバーの批判的継承者たるジェルジ・ルカーチであった。結局メルロ＝ポンティは、その後、ルカーチがヴェーバーの道を延長し、真理の相対性を徹底することにな

(24)『弁証法の冒険』四二ページ

ると見ているのだが、不思議なことに、この相対化の果てには、一つの絶対性が描き出される仕掛けになっている。

思い出してもいただきたい。知覚の真理性は、まさしくそのようなものであった。知覚対象は、そこに現われるがままであると同時に、その顕在性を越えて知覚されてもいるからこそ、物の超越性を保証することができたわけだし、この事実自体が、私たちの真理経験を規定することにもなっていた。もちろん知覚は、錯覚におちいることもある。だが、私たちが錯覚について語り得るとすれば、それはすでに錯覚を錯覚として認めているからであるだろうし、また、そうすることができるのは、ただ、そのおなじ瞬間に真なるものとされる何らかの知覚の名においてのみであるだろう。したがって、懐疑とか誤謬を犯す懸念とかは、同時に誤謬を誤謬として暴露する私たちの能力の存在を確信させるものでもあり、私たちを根本的に真理からひき離してしまうものではあり得ない。こうした次第で、メルロ＝ポンティは、「われわれは、はじめからすでに真理のなかに居る」と宣言できたのだった。理念型を介する世界認識もまたしかり。この認識の相対性をつきつめることは、すでにして一つの絶対性の素描となるのである。メルロ＝ポンティは、ここに至ってこそ、初めて本来の弁証法が機能すると考える。

弁証法というのは、こうした連続的な直観のことであり、実際の歴史の筋の通った読み方、主体と客体とのあいだの波瀾にみちた関係や果てしない交替を復元することである。あるのはただ一つの知、生成しつつあるわれわれの世界についての知だけであり、しかもこの生成がこの知そのものを包みこむのである。だが、このことをわれわれに教えてくれるのも、その知である。したがって、知が自己の起源をふりかえり、おのれ自身の発生をとらえなおし、知としての自己を、かつて出来事としてあった自己と同列に置き、寄り集まって自己を全体化し、自己についての意識たらんと目指す瞬間があるのだ。この同じ総体が、前の関係から見れば歴史であり、後の関係から見れば哲学なのである㉕。

こうして、メルロ＝ポンティは『歴史と階級意識』に表明されたルカーチの立場を「ヴェーバー的マルクス主義」と呼び、その方向においてこそ、共産主義も弁証法もドグマを免れ、エンゲルスやレーニンの通俗的反映論から解放されるに違いないと予測した。もっとも、ルカーチ自身は、その後『プラウダ』の非難を受けて「ソ連正統派の番犬」になりさがってしまうわけだが、彼の思想はその手を離れ、やがてメルロ＝ポンティ言うところの「西欧マルクス主義」の主導的理念を形作っていくことになるだろう。

（25）『弁証法の冒険』四三〜四四ページ

サルトルとウルトラ・ボルシェヴィズム

さて、『弁証法の冒険』の筋書きはこうしたものだが、クライマックスは、なんといっても「サルトルとウルトラ・ボルシェヴィズム」の章である。そのことは、本書のほぼ半分を占めるこの章の分量が、なによりも雄弁に物語っているはずだ。ここにおいてメルロ＝ポンティは、ついに徹底したサルトル批判を行ない、長年『レ・タン・モデルヌ』誌を介して関わってきた彼の読者に対しても、納得のいく自己表明をして見せるのである。

彼は、ここに言うボルシェヴィズムを、「たえず互いに相手を支え合っている極端な客観主義と極端な主観主義との混淆物[26]」と定義する。おのぞみとあれば、この場合にもまた、両者を「経験論」と「主知主義」と言い換えてみてもいい。つまり、ボルシェヴィズムとは、それらの「はざま」や媒介項に道を求めるものではなく、両極のいずれかを選んだり、両極を交互に認めたりする態度の謂いであるだろう。「ボルシェヴィキの実践」と「トロツキズム（の思弁）」との対は、まさしくそれの典型例に違いないし、その淵源を探れば、マルクス自身が内包する「弁証法的思考と自然主義との相剋[27]」の問題圏にまでたどり着く。いずれにしてもメルロ＝ポンティは、こうした両極主義の最たるものを、サルトルの「共産主義者と平和」の内に看て取っているのである[28]。

もとより、サルトルの両極的な問題のたて方は、この時に始まったものではない。すでに彼は、主著『存在と無』においても、「即自」と「対自」との二極から出発したため、両者を媒介するのにひとかたならぬ苦労を重ねていたはずだし、「対他」の「まなざし」理論をあみ出すことによって、ようやく相克としての他者関係に表現を与えはしたものの、本来、他者が他者として存立するための間主観的地平は、すっぽり抜け落ちていたと言っていい。

それというのも、彼のそもそもの出発点が、『想像力』『自我の超越』「フッサール現象学の根本理念」『想像力の問題』など注目すべき初期論文を通じ、一貫して「物へと炸裂する」軽やかな意識に置かれていたからに他ならない。こうした「物」と「意識」との対が、次第に物象化されて「即自」と「対自」との対になり、ついに「極端な客観主義」と「極端な主観主義」との対に至るというのは見易い道理であるだろう。後年、ドゥルーズが『自我の超越』における全き意識を評価したように、おそらくサルトル思想には別の展開可能性もあったはずだが、意識の背後に控えるジ

(26)『弁証法の冒険』一一七ページ

(27)同書、八七ページ。メルロ＝ポンティの指摘するマルクスにおける「弁証法的思考と自然主義との相剋」については、あらためて跡付けてみなければならないが、本書では、当時としては珍しくアルチュセールの論文「弁証法的唯物論」までが参照されている点を指摘するにとどめ、これが当時流行の疎外論からなされた月並みなマルクス批判ではなかったことを示唆しておきたい。

(28)同書、一三七ページ

ャン＝ポールという自我の専制はいかんともしがたく、とどのつまりサルトルは、後の『弁証法的理性批判』において、主客を「実践惰性態」で繋ぐのがやっとだった、というのが正直なところではなかろうか。

こうした次第で、共産主義に対するサルトルのスタンスは、みずからが主意主義的になればなるほど、それを補うかのように、ひたすら党を擁護するはめになる。「共産主義者と平和」において、彼は「人間と社会とをその真理において眼なざすこと、言いかえれば最も恵まれない者の目で眼なざすこと[29]」を説いていたが、そんなものは「考えであって行動ではない[30]」とメルロ＝ポンティは一蹴。真のアンガージュマンとは「原理についての同意ではなく、念入りに仕上げることを求められているようなある行動についての同意であり、個々の細かい点についての同意ではなく、それらを結び合わせている一つの路線についての同意である[31]」とつけ加える。

サルトルは、後年、ジャクリーヌ・ピアティエからのインタビュー[32]を受けて、この方向をさらに先鋭化させ、「飢えて死ぬ子供を前にしては『嘔吐』は無力である」とか、「作家たるもの、今日飢えている二〇億の人間の側に立たねばならず、そのためには、文学を一時放棄することもやむを得ない」とか、大見得きって物議を醸すことになるのだが、その際のクロード・シモンやイヴ・ベルジェの反論を待つまでもなく、彼の立場は、すでに生前のメルロ＝ポンティから、政治的にも文学的にも「一巻のメロドラマ[33]」に過ぎないとして決定的な批判を受けていたのである。では、サルトルに欠けていたのは何だったのか。

問題は、サルトルの言うように、人間と物としか存在しないのかどうか、それともわれわれが歴史とかシンボル体系とか作られるべき真理などと呼ぶところの間世界 intermonde もまた存在するのかどうかということである。[34]

そう、ここでもまた、サルトルに求められていたのは、「意識」と「物」とのはざま、「極端な主観主義」と「極端な客観主義」とのはざま、つまりは「間世界」であり「間主観性」の領域なのであって、メルロ゠ポンティはそれを「歴史」「作られるべき真理」、あるいはまた、『行動の構造』を髣髴させる言葉で「シンボル体系」と呼んでいるのである。

(29) サルトル『シチュアシオン』Ⅵ 二七五ページ
(30)『弁証法の冒険』二四四ページ
(31) 同書、二四八ページ
(32) *Jean-Paul Sartre s'explique sur "Les Mots"*, interview par Jacqueline Piatier, in *Le Monde*, 18 avr. 1964
(33)『弁証法の冒険』二〇二ページ
(34) 同書、二七八ページ

「非共産主義左翼」とシンボル的行動の探究

ともかく、サルトルのような二分法をとり、彼のような突きつめ方をしたのでは、私たちは信じがたい緊張を強いられてしまう。文学においても政治においても、誰もが、全人類に起こる出来事を、時々刻々ことごとく身に引き受けねばならず、媒介なしに直接普遍的であることを迫られるのだ。けれども、そんなことが本当に可能なのか…というわけで、メルロ＝ポンティは、ここにシンボル体系としての「間世界」を介在させる必要性を説くのである。もしも人間関係が、さまざまなシンボル体系に媒介されていることを認めるならば、事は複雑になろうとも、作家は作家としての所を得、政治家は政治家としての所を得て、世界はにわかに現実味を取り戻すことだろう。

もし本当にすべての行動がシンボル的だとすれば、そのときには書物もそれなりに行動であって、職業の規則に則って書かれるべき価値をもっており、露呈するという義務を何一つ失いはしないのだ。もし政治が直接的かつ全面的に責任を負うことではないとすれば、またもし政治が歴史のシンボル体系の暗がりに一本の線を引くことを本領とするものだとすれば、そのときには政治もまた職業であり、そしてそれには特有の技術があることになる。政治と文化が一体だというのも、両者が直接的に重ね合わされうるからでもなければ、両者がともに出来事に密着しているからでもなく、それぞれの次元に属するシンボルが互いに他の次元のうちにこだま・照応・誘導効果をもっているからである[35]。

こんなぐあいに、メルロ＝ポンティのサルトル批判は、ライバルの根本的な欠陥をつきながら、同時に『弁証法の冒険』全体が目指す「脱ドグマ」の大きなうねりに合流する。シンボル体系の遍在を語ることは、偏狭なサルトルの文学論を、サルトル自身の豊穣な文学作品によって修正することになるだろうし、「ソ連正統派の番犬」になったルカーチの思想を、彼自身の柔軟な初期思想によって修正することにもなるはずだ。文学は生世界の表現なのだから、単なる一階級の要請を表現するにはとどまらない。それは、階級間の出会いや対立まで描き出すこともあれば、階級ゆえの偏見から当の偏見自体を描き出すこともあるだろう…かつてのルカーチは、おおよそ、そんなことを語っていたが[36]、これを受けてメルロ＝ポンティもまた、「バルザックはその偏見に助けられて、スタンダールのようなもっと『進歩的』な精神には気づかれずにいたその時代のある局面に目を向けることができたのだった[37]」と敷衍する。

こうして『弁証法の冒険』の全体は、あの「実存的意味の独自の核に到りつきさえすれば、すべ

(35)『弁証法の冒険』二七九ページ
(36) Lukàcs, *Marx und Engels als Literaturhistoriker*, Aufbau-Verlag, S. 141, 150 参照

てが真実」と語っていた『知覚の現象学』序文の一節と、首尾よく照応することになるだろう。ただし今度は、末尾の「マルクスの言うように」以下が、にわかにクローズアップされながら…。

この場合、〔歴史なら〕歴史というものを、イデオロギーから出発して了解すべきであろうか。それとも政治から、それとも宗教から、それとも経済から出発して了解すべきであろうか。また〔一つの学説なら〕学説というものを、その表明された内容から了解すべきであろうか。それとも著者の心理や彼の生活上の出来事から了解すべきであろうか。ほんとうは、同時にあらゆる仕方で了解せねばならぬのであって、すべてが一つの意味をもっており、われわれはすべての諸関係のもとに同一の存在構造を見いだすのである。以上に挙げたどの見方も、それらをバラバラにしてしまうのでなければ、また、歴史の根柢まで降り下って各展望のなかに顕在化されている実存的意味の独自の核に到りつきさえすれば、すべてが真実なのである。マルクスの言うように、歴史は頭で逆立ちして歩むものでないことはたしかである。しかしまた、歴史はその足でものを考えるわけではないことも、同様にたしかなのだ。あるいはむしろ、われわれは歴史の〈頭〉にも〈足〉にも心を奪われるべきではなくて、その全身にこそ専念すべきなのである。[38]

歴史は、頭で歩むこともなければ、足で考えることもない。上部構造が下部構造をあやつるわけでもなければ、下部構造が上部構造を決定するわけでもない。両者の間には、おびただしいシンボル体系が介在しているのである。だとすれば、『弁証法の冒険』で模索されてきた「西欧マルクス主義」ないし「非共産主義左翼[39]」の運動にもまた、世界を――原理的にではなく実践的に――「同時にあらゆる仕方で了解」する義務が課されることになるだろう。もちろんそのためには、「間世界」を語る「シンボル体系」の理論が欠かせない。こうしたことに早くから気づいていたメルロ゠ポンティは、アンガージュマンのかたわら「言語」の問題圏を渉猟し、すでにその理論を着々と練り上げてもいたのである。

(37) 『弁証法の冒険』五七ページ
(38) 『知覚の現象学』1 XIVページ
(39) 『弁証法の冒険』三〇八ページ

『シーニュ』

知覚から言語へ

『知覚の現象学』の公刊から二年、メルロ゠ポンティは雑誌論文「人間の内なる形而上学的なもの」の脚注に、さりげなく、次のような一文を残している。

もちろん、知覚的信念から、言語や概念や文化的世界の水準で出会われるような明白な真理への移行を、正確に記述する必要があるだろう。われわれは『真理の起源』となるべき作品において、それをするつもりでいる。(1)

知覚に投錨し、私たちの認識の基底部分を探索し終えたところで、彼はいよいよ「言語や概念や文化的世界」のレベルに移行しようというわけだ。予定される著作の表題も『真理の起源』。そこ

(1)『意味と無意味』一三八ページ

では明らかに、フッサールの遺著『幾何学の起源』が意識され、理念性の問題が舞台の前景に踊り出てくることとなる。この一九四七年は、奇しくも『ヒューマニズムとテロル』が上梓された年でもあって、それを考慮するならば、前章で見てきたメルロ＝ポンティのアンガージュマンへの傾きと、「知覚」から「言語」へという哲学的関心の移行とは、ぴたりと符合し、いずれも「社会」や「他者」に対する模索の深まりを示していることが分かるだろう。

彼は、『レ・タン・モデルヌ』誌を拠点として時局的な発言を続ける一方、大学人としてのキャリアも着実に積み重ね、やがて一九四九年にはパリ大学文学部の教授に就任。さらに五二年には、フランス最高学府の一つ、コレージュ・ド・フランスの教授におさまることとなるだろう。ちょうどこの頃、サルトルとの亀裂も表面化してくるわけだが、まさしくそれは、メルロ＝ポンティが、サルトルには欠けていた「間世界」を探り、「シンボル体系」の理論を練り上げようとする時期にあたっていたのである。コレージュ・ド・フランスへの立候補の際、彼が友人マルシャル・ゲルーに手渡した研究計画書にも、こんな一節が残されている。

われわれは最初の二つの著作〔『行動の構造』と『知覚の現象学』〕において、知覚の世界を再構成しようと試みた。われわれは目下準備しつつある諸著作においては、われわれを最初に真理に導いてくれた知覚を、他者とのコミュニケーションや思考がいかにして採りあげなおし乗り越えるかを示したいと思っている。(2)

そしてその直後、彼は二度にわたって『レ・タン・モデルヌ』誌に「間接的言語と沈黙の声」を連載し、約束の一部を果たすことになる。この論考は、やがて一九六〇年に出版される論集『シーニュ』の中心部分に収められ、メルロ＝ポンティの中期思想と言うべきものの到達点を示すモニュメンタルな作品になるのである。書出しは、内容的にも文体的にも一字一句が所を得ており、簡潔にして流動的、理路整然として神秘的。再録する以外にそれを紹介する方法はあるまいと思われる。

われわれがソシュールから学んだのは、記号というものが一つずつでは何ごとをも意味せず、それらはいずれも、ある意味を表現するというよりも、その記号自体と他の諸記号との間の意味の隔たりを示しているということである。同じことは他の諸記号にも言えるわけだから、ラング〔言語体系〕は名辞を持たぬさまざまな差異によってできていることになり、さらに正確に言えば、ラングにおける名辞とは、各名辞間に現われる差異によってのみ生み出されることになる。これは難解な思想だ。なぜなら、常識では、もしも名辞Aと名辞Bとが何の意味をも持っていなければ、どうしてそれらの間に意味の対照があるかが分からなくなるわけだし、ま

（2）『言語と自然』所収、「メルロ＝ポンティの一未公刊文書」一三七ページ

た、もしも実際にコミュニケーションというものが、語られるラングの総体から聞き取られるラングの総体へと赴くものだとすれば、ラングを学ぶためには、そのラングを知っていなければならぬ道理になるだろう…。だが、このような反論は、ゼノンの逆説と同じ種類のものである。つまり、ゼノンの逆説が運動のはたらきによって乗りこえられるように、この反論は、パロール〔言葉〕を使用することによって乗りこえられる。そして、ラングを学ぶ人々にとっては、ラングがそれ自身に先立ち、それ自身を教示し、それ自身の解読を暗示するこの一種の循環こそ、おそらくランガージュ〔言語〕の特質を示すふしぎな性質である。[3]

ここにはおそらく、あのベルクソンの語っていた「無限に単純なもの[4]」をめぐる思索が隠されている。私は、初めてこの文章に接した時、直観的にそう思った。「われわれがソシュールから学んだのは…」と直截に結論から切り出し、「記号のはざまにある差異」の視点から「記号を生み出す差異」の視点へとたたみ込んでゆき、「これは難解な思想だ Idée difficile」の一言でぴたりと止める。そしてそこからもう一度、この考えに対する常識の反論をからませ、読者の思惑を解消しながら、それを再びゼノンのパラドックスへと集中させてゆく…あまりペダンチックな物言いをするつもりはないのだが、この部分、フランス語原文で読むと実に見事に決まっており、心にくいほどに計算されたこの文体の背後には、メルロ゠ポンティのソシュール解釈に対する自信のほどが看て取れる。彼は、ソシュール言語学の中核をなす「記号の示差性」に、一筋に連なってゆくのである。

圧倒的なソシュールの影響。そして、見違えるように深められた言語に対する思索。この論文は、以後、「言語論」と「絵画論」とを交錯させながら、新たな表現理論を描き出してゆくわけだが、これこそが、『知覚の現象学』以後、「真理の起源」に向け、七年の歳月をかけてメルロ＝ポンティがたどりついた里程標を示すものであるだろう。

もっとも、『知覚の現象学』においても、言語がなおざりにされていたわけではない。第一部第六章においても、第三部第一章においても、きわめて説得的な言語論が展開されてはいるのだが、ただ、そこではすべてが、あまりにも「知覚論」や「身体論」に傾き過ぎており、言語をそれにふさわしい次元で語ってはいなかったと言うべきか。彼にはまだ、言語に対する直観的な洞察を、満足のいく形で語れるような言語学的装備が整っていなかったのである。私たちはまず、そのことを確かめながら『知覚の現象学』を振り返っておくことにしよう。

（3）『シーニュ』1　五八ページ。ただし、この部分は加賀野井訳

（4）ベルクソン『思想と動くもの』一二七ページ。本書六ページ参照

『知覚の現象学』における言語論

メルロ゠ポンティの言語論と言えば、おおよそ、『知覚の現象学』第一部の「表現としての身体と言葉」と題された章をもとに語られるのが常である。そこでは、「言語的所作 geste linguistique」[5]「音声的所作 geste phonétique」[6]「語詞的所作 geste verbal」[7]、もしくは、言葉の「所作的意味 signification gestuelle」[8]といった言い回しが頻出し、言語は身体的表現の延長として考えられている。

あらたな意味指向が自分自身を認識するのも、ただ、以前の表現活動の結果たる、すでに自分の手持ちのものとなった意味でもって、自分を覆うことによってだけである。手持ちのものとなっている意味が、突然あたらしい未知の法則によって組み合されて、ここに決定的に一つのあらたな文化的存在が存在しはじめたのである。したがって、この未知の法則のためにとわれわれの文化的獲得物が動員されたとき、ここに思惟と表現とが同時に構成されるわけであって、それはあたかも、われわれの身体が習慣の獲得に際して、突如一つのあたらしい所作に適合するようになるのに似ている。言葉は一つの真の所作であって、所作がその意味を内に含んでいるように、言葉もまたその意味を内に含んでいるのだ。[9]

ここで語られているのは、言語表現以前の意味指向とでもいうべきものが、既成の語彙をまさぐりながら試行錯誤しているうちに、ふとそれらが未知の法則によって組み合わされ、形をとり、ついに新たな言語表現と思惟とを獲得する…といった事態である。この動員される「手持ちの意味」を担う言葉が「語られたパロール parole parlée」、そして新たな思惟を構成する言葉が「語るパロール parole parlante」と呼ばれるのは、メルロ＝ポンティ研究者にとって周知の事実であるだろう。(10)

ところで、この二つのパロールは、しばしば、ソシュールの「ラング langue」と「パロール parole」とを換骨奪胎したものと思われがちだが、ことメルロ＝ポンティに関し、この段階でそう考えるのは、いささか早計に過ぎる。おそらくは当時、広く流布していたヴァンドリエスの『言語』あたりを介して仄聞する、ソシュールの遠い木霊のようなものであったに違いない。それが証拠に、以下の部分に見られるのは、あまりにも大ざっぱな引用なのである。

有名な一つの区別をここに適用して言えば、言語（langages）、つまり構成された語彙なら

(5)『知覚の現象学』1　三〇五ページ
(6)同書、三一六ページ
(7)同書、三一七ページ
(8)同書、二九四ページ
(9)同書、三〇一ページ
(10)同書、三二一ページ

びに統辞の体系、経験的に存在している〈表現手段〉は、言葉（parole）の行為の寄託物であり沈殿物であって、この行為のなかでこそ、まだ定式化されていない意味が外部に表現される手段を見いだすだけではなく、またさらに対自的な存在ともなるのであり、真に意味として創造されるのである、とでも言えるだろう。あるいはまた、語る言葉（parole parlante）と語られた言葉（parole parlée）という区別を立てることもできるかもしれない(11)。

「有名な一つの区別」が何を意味するか定かではないのだが、それがソシュールの二分法を指しているとすれば、曲解もはなはだしい。「ラング」が「ランガージュ」とされるどころか、さらに複数の「諸ランガージュ」にさえ置き換えられており、そこには少しも重要な役割が与えられていないのである。ソシュール言語学の真骨頂が、何をおいてもまずラング体系の究明にあったのだとすれば、これはいかにも奇妙な引用に違いない。

それもそのはず、この時点でメルロ＝ポンティの関心事となっていたのは、明らかに「語るパロール」の創造性なのであり、「語られたパロール」つまりソシュールが論ずるところの「ラング」のたぐいは、単なるその「寄託物」「沈殿物」でしかなかったと言うことができるだろう。そのうえ、メルロ＝ポンティの語る「言語的所作」とはいかなるものか、また、手持ちの意味が「突然あたらしい未知の法則によって組み合される」とはどういう事態を指しているのか、改めて考え始めると疑問は深まるばかりである。この段階での言語論は、なるほど意味深長ではあるものの、いまだ隔靴掻痒の感を否めない。
そうした状況の中、『知覚の現象学』の刊行とともに、さまざまな議論に火がついた。とりわけ翌年、「フランス哲学会」が開催することになる「知覚の優位性とその哲学的諸帰結」という討論会では、彼への質問・反論が続出した。

ブレイエ「〈知覚とともに〉ただ生きられるだけの理論は、それでも哲学的理論なのでしょうか。」
リュパスコ「知覚がすべてであるような宇宙において、数学的世界はどういうことになるのか私には分からないのですが。」
サルズィ「私はここで知覚の優位性に反論いたしましょう。なぜなら現代の科学は、その公準や結論を次第に知覚から切り離して考えるようになっているからです。科学は知覚に由来する公準や結論を不正確であると非難し、それらを、知覚と何の関係もない他の公準に置き換えるべきだと主張しています。」
セザリ「科学的経験を構成するためには、まさにバシュラール氏のおっしゃるように直接的なものから遠ざからねばならないというのに、その際われわれがこの純粋に生きられる経験に

(11)『知覚の現象学』1　三三一ページ

依拠することは一体何の役に立つのでしょう。」

これら多くの意見は、知覚に関するごく初歩的な無理解からくるものであるとはいえ、確かに一方で、言語や科学、つまりは理念性一般を論じる際のメルロ＝ポンティの歯切れの悪さを浮彫りにしてもいる。まさしく、『知覚の現象学』刊行から七年にわたる歳月が、なぜ言語論の深化にあてられねばならなかったのか、その所以を語るものであるだろう。こうした過程においてメルロ＝ポンティは、改めてソシュール言語学との出会いを経験し、音韻論をはじめとする様々な後継学説にも、格段にバランスのとれた目配りをするようになるのである。

ソシュール言語学への接近――ランガージュ、ラング、パロール

では、メルロ＝ポンティが会得したソシュール言語学の核心部分とは、一体どのようなものであったのか。私たちは、それを参照することによって、いまだに続くわが同時代人のソシュールへの偏見をも払拭しておく必要があるだろう。まずは、多少のおさらいから始めよう。

私たちは日ごろから、「言葉」だとか「言語」だとか、あまり意識せずに使っているが、ひとた

び反省を向け始めると、これほどとらえどころのない代物も珍しい。たとえば、私が喋るのも言語なら、私が書くのも言語である。では、言語とは声なのか、それとも文字なのか。あるいは、この「音声」とこの「インクの染み」とには、どこに共通したところがあるのだろうか。そればかりではない。私たちは目配せや身振りでも意思の疎通をはかっており、それらは時によって「身体言語」と呼ばれることもある。だとすれば、ある種の犬のほえ方も、しっぽの振り方も、ミツバチのダンスでさえもが、立派な言語だということになりはしないか…。

これでは言語学も、何を対象にすればいいのか分からない。そこでまずソシュールは、「言語」を「ランガージュ langage」「ラング langue」「パロール parole」という三つのレベルに区分する。

ランガージュは、ありとあらゆる言語・言語活動・言語能力を含めたものの総称として使われる。話し言葉も、書き言葉も、身体言語も、（ソシュールはそこまで言ってはいないが）犬やミツバチの言葉も、すべてをひっくるめてランガージュと呼ぶことができるだろう。そのランガージュを二分すると、一方がラング、他方がパロールになる。

ラングは「言語体（系）」と訳せば分かりやすいが、おおよそ「日本語」「英語」など、いわゆる国語と呼ばれるものをイメージするといい。これらは語彙的にも文法的にも一つの体系をなしていて、語彙体系は、ほぼ、その国語辞典から推し量ることができるし、文法体系もまた、その国語の文法書の全体から見当がつく。もちろん、こうした一言語の下位区分とも言うべき方言や俚言、ある種の階層語や業界語なども、それが体系としてとらえられる限りでは、これまたラングだということになる。

ちなみに、ラングには「レ・ラングles langues」のように複数形で用いられるものと、「ラ・ラングla langue」のように単数形で用いられるものとがある。複数形の場合には、日本語・英語といった個々のラングの集合体が念頭におかれており、単数形の場合には、そうした集合体の一般化というか、最大公約数的なものが考えられていると見てさしつかえない。

パロールは、個々人が喋ったり書いたりする具体的な言語であり、「言葉」とでも訳しておけばいいだろうか。現代のコミュニケーション理論にたとえてみれば、ラングは暗号解読用の「コード」、パロールは、その「コード」を使って送受信されるそれぞれの具体的な「メッセージ」のようなものである。

三つのレベルのイメージ化

さて、そうなると、まず「ランガージュ」「ラング」「パロール」の間には、順に、潜在的なものから顕在的なものへ、ヴァーチャルなものからリアルなものへの移行があると考えることができるだろう。つまり、ありとあらゆる言語活動および言語能力と考えられた「ランガージュ」は、結局のところ、それらすべてに共通する一種の「象徴活動」もしくは「象徴化能力」とも言うべきものであって、それ自体が具体的にとらえられるわけではない。そんな漠然とした活動や潜在的な能力は、まずは「ラング」として、個々の言語体系として、社会的に実現されなければならないのである。

だが、こうした「ラング」の次元もまた、まだまだ一般的で抽象的なものでしかない。私たちは、共通のコードとして日本語を使っているわけだが、話者たちが実際にとり交わすのは、メッセージとしてのパロールだけである。あるいはむしろ、パロールに宿るラングを送受信しているとでも言うべきか。つまり、「ラング」はさらに個々人の「パロール」によって、あれこれの言語表現として具現化される必要があるわけだ。

結局のところ、「ランガージュ」「ラング」「パロール」のそれぞれは、まずは深層から表層への移行関係として、もしくは、潜在的なものから顕在的なものへの移行関係としてとらえられることになる。「ランガージュ」の抽象的なレベルが、「ラング」「パロール」へと、しだいに具体化してゆくというイメージである。

あるいはまた、これを「個々人のもつ潜在的な言語能力がどのようにして具体的な言語として実現されるのか」という発想からとらえるならば、事態は今すこし違った姿を見せてくる。その場合には、「ランガージュ」という個人の象徴化能力が、社会的な約束事である「ラング」を介し、個々の「パロール」として実現する、というイメージが考えられることになるだろう。

ともかく、そうしたイメージ化の得失はさまざまあるにせよ、さしあたり、ランガージュがラングとパロールとに分割されるということだけは共通の認識にしておこう。いずれにしても、まずはソシュールがラングとパロールとを区別してくれたおかげで、後の人々には、言語という対象がくっきりと構造化されて見え始めたに違いない。それはメルロ゠ポンティとて同じこと。「語るパロール」と「語られたパロール」との二分法も、結局、こうした発想にヒントを得ていることは疑えない。では、このラングとパロールとの関係はどのようなものなのか。それを考えてみることによって、メルロ゠ポンティの二つのパロールの関係にも光があてられるようになるだろう。

ラングとパロールとの相互関係

さて、ラングが社会的に決定されている言語体系であり、パロールがそれに即して個々人が用いる言葉であるとするならば、両者はまず、先ほど見たように、それぞれが暗号解読用の「コード」と「メッセージ」とに置き換えられてもよさそうだ。ラングは、暗号の送り手と受け手とが互いにもっている共通のコードであり、パロールは、そのコードにもとづいて送受信されるメッセージである。それならば、ここで主導権をにぎっているのはラングであって、パロールは、ラングの単なる個々の実現にすぎないこととなる。

ところが、よくよく考えてみると、ラングは暗号解読表のように単純なものでも、限定されたものでもあり得ない。もとより、私たちの使う日常言語は、暗号とは違い、一義的にきまった意味だけでできているわけではないし、一つのラングには、きまった外延があるわけでもない。それというのも日常言語は、ラングから逸脱したパロールの使用によって、常にゆれ動いているからだ。

たとえば私がコップに入った水を手にとり、その清冽な感触にうながされて、ふと「冷たいおののき」と呼んでみたとする。これは通常のラングのあり方からすれば、少しばかり変わっていよう。「おののき」自体が日ごろからあまり使われない言葉だし、それが「冷たい」と形容されて用いられることもめったにない。しかしそうであればこそ、この言い回しは、ひどく詩的にも聞こえ、ある種のインパクトをもって人々のあいだに流通する。やがて、それが津々浦々にまで広がって、喫茶店やレストランでさえ「お冷や、一杯」というところ、「冷たいおののき、一杯」とでも注文するようになるならば、この表現はすっかり市民権を得たことになるだろう。いずれは辞書にも採用され、晴れてラングの中に登録されることになるのかもしれない（荒唐無稽にすぎるところはお許しあれ！）。

そうしてみると、今度はさっきと違い、ここで主導権をにぎっているのはパロールの方だということになる。べつに「冷たいおののき」には限らない。すべては、月並みなラングの組み合わせがパロールのなかで変調をきたし、そこから詩のような新しい意味が生じてきて、あれこれ試みられたあげく、忘れられたり珍重されたり、ついには自然の淘汰によって見事に存続したものだけがラングのなかに登録されてゆく。つまり、パロールにこそ言語の創造性があるわけで、ラングは、そこから生じてきた最大公約数的な沈殿物だと言うこともできるだろう。

あるいはまた、こうしたパロールの創造性については、ロートレアモンがシュルレアリスムの本質を表現しようとしていたあの「手術台の上でのミシンと雨傘との出会い」になぞらえてみるのも一興か。つまり、「手術台」「ミシン」「雨傘」のそれぞれは既成のラングと同じく、個々に見れば何の変哲もないものだが、ひとたび三者同時的な出会いのなかに置かれると、実にシュールな目新しい効果を発揮することになる。これすなわち、パロールが既成の語のユニークな結合によって、新たなラングをつくり出すのに等しかろうというわけだ。

結局、ラングによってこそパロールがあると考える「コード・メッセージ」理論も、パロールによってこそラングがあると考える「冷たいおののき」理論も、ちょうど、卵が先かニワトリが先かといった議論と同じく、互いに弁証法的に関わりあっている。マラルメではないが、前者は、ありきたりの文章を作るときのプロセスだから「散文的理論」、後者は、詩を作るときのプロセスだから「詩的理論」と呼んでみるのもよろしかろう。

ここまでくれば、もはや言うまでもあるまいが、あのメルロ＝ポンティが強調していた「語るパロール」の創造性は、とりもなおさず、この「詩的理論」の強調だったわけである。だが、ソシュールの言語学は、こうしたパロールの創造性よりも、むしろラングのメカニズムを探ることの方に重点を置いていた。なぜだろうか。この点を理解すれば、おそらく私たちにも、『知覚の現象学』時代、メルロ゠ポンティの言語論に欠けていたものが分かるようになるだろう。

ラングを研究対象としたソシュール

言語研究において、ソシュールが最も重視したのはラングであった。

言語学の独自・真正の対象は、それ自体としての、それ自体のためのラングである。(12)

もちろん、厳密に言えば、これはソシュール自身の言葉ではなく、弟子のバイイとセシュエとが手を加えすぎた箇所であるため、ややトーンを弱めておく必要はあるのだが、それでもソシュールが、ラングの研究を優先していたことに変わりはない。理由はおおよそ以下のようなものである。

(12) ソシュール『一般言語学講義』(改版) 小林英夫訳 岩波書店 三二七ページ

まず、ランガージュは、先ほど触れておいたように、言語活動でもあれば言語能力でもある。それも、話し言葉、書き言葉、身振り手振りに象徴行為、なんでもありのごった煮のようなものだった。こうした混質的な全体など、およそ学問の対象にはなりえない。だからこそ、これをラングとパロールとに区分したのではなかったか。

ではパロールはどうか。こちらは、まさに具体的な対象とするにはうってつけのように思われようが、これまたそうではない。あまりにも具体的でありすぎて、その物質性に目が奪われ、個人差が大きくなりすぎるのである。世間には「テレビ」と発音する人もいれば、「テレヴィ」と発音する人もいる。もちろん、少し舌足らずに「テエビ」や「テエヴィ」と発音する人もいるに違いない。煩雑なことおびただしい。これでは、言語学の最初の対象とするには不適当であるだろう。

実際には、「テレビ」「テレヴィ」「テエビ」「テエヴィ」の瑣末なヴァリエーションの背後に、私たちはいつも、ただ一つの「テレビ」を聴きとっているのだが、この恒常的なもののあり方こそ、ラングと呼ばれるレベルであり、このレベルが、まずは学問に安定した対象を提供してくれるものとなる。

おのぞみとあれば、これを、プラトンの「イデア」のような存在だと考えてみてもいい。たとえばここで、黒板に「三角形」を書くとしよう。私たちはさまざまに描くだろうが、実のところそこには、正確な意味で三角形と呼べるものは一つもない。いずれも、拡大鏡で見てみれば、必ず描線に凹凸はあるだろうし、もとより三辺には、零点何ミリたりとも幅があってはいけないはずである。

つまり幾何学の世界では、私たちはいつも、不完全な個々の三角形を通し、イデアとしての三角形と関わっていることになる。この時、パロールは個々の三角形に、ラングはイデアとしての三角形に、それぞれたとえられることとなり、言語学もまた、イデアとしてのラングに関わる学となるわけだ。こうして言語学は、めでたく学問として整備されることになるだろう。

だが、もちろんソシュールの関心は、言語学を学とするための方策にのみとらわれていたわけではない。彼は、「体系としてのラング」のはるかに興味深いメカニズムに対し、ひたすら想いを馳せていたのである。

ラングの体系

ラングを対象と定めたソシュールは、続いてこれに接近するため、「通時的（ディアクロニック）」と「共時的（サンクロニック）」という二つの視点を区別するのだが、プロセスはさておき、この「共時的」すなわち「同時代的」な視点をとるならば、ラングはまさしく一つの「体系（システム）」としての己が姿を、はっきりと現わすようになってくる。たとえば、平安時代の日本語も、現代の日本語も、それぞれが独自の語彙体系や文法体系を擁する一つの総合的な体系だということになるだろう。ところで、こうした言語体系は、他の体系なるものとは、いささか趣きを異にしている。

通常、私たちが接するさまざまな体系においては、それを形づくる個々の部分が、互いに独立した個物として存在する。たとえば、一台のコンポーネント・ステレオ・システムを構成する「スピーカー」「アンプ」「CDプレーヤー」などの部分は、それ自体が物質的な基体をもち、どっしりとそこに存在しながら、コードで二次的に繋がれることによって他の部分との関係を結んでいる。だからこそ、それがとり外されれば、システムには欠落が生じるし、当の部分の一つ一つは、それだけでも実体をもつ研究対象となるのである。

ところが、言語体系の場合には、事情はまったく違ってくる。言語学では、体系の中にある個々のエレメントを「辞項（テルム）」と呼ぶが、辞項はそれ自体として実体をもつものではなく、個々の辞項は、他の辞項との関係において、かろうじて存在を保っているにすぎない。つまり、言語体系にあっては、辞項は相互依存の状態にあり、関係が存在を成立させている……そうソシュールは考え、「ラングには積極的辞項のない差異しかない」[13]と言うのである。これは一体どういうことなのか。

ここで語られていることこそ、あの「間接的言語と沈黙の声」の冒頭でメルロ＝ポンティが示唆していた「わかりにくい考えIdée difficile」に他ならない。ラングの体系という視点からすれば、まさしく「言語における名辞とは、各名辞間にあらわれる差異によってのみ生み出される」わけである。もっと具体的に考えてみよう。

私たちは日ごろ「水たまり」を、大きさや深さや、そこにたまる水の特徴に応じ、さまざまな名称で呼び分けている。「水たまり」「池」「沼」「湖」「潟」「内海」「外海」「大洋」…等々。通常これらは、先ほどのスピーカーやアンプと同じように、確固たる実体だと考えられているが、本当にそうだろうか。ためしに他の国語を調べてみると、この「沼」や「潟」にあたる語彙のない場合が見受けられる。では、その際、こうした国語のもとで生活する人々には「沼」や「潟」が認識できていないのだろうか。あるいはまた、認識してはいても、それに該当する言葉がないから、いつももどかしく思っている…とでもいうのだろうか。

もちろんこれは、語彙体系の中に「沼」や「潟」があるラングから、そうでないラングを眺める場合の擬似問題にすぎず、違った言葉で生活している人々にとっては「認識できない」というよりもむしろ「認識しない」というべきものであるだろう。世界中の言語は、そのラングの体系に応じて過不足のない世界認識を行なっている。日本人のような漁労民族は魚を細かく見分け、狩猟・牧畜民族は獣を細かく見分けている、というのもその証左になるはずだ。結局、ある領域を表現する辞項がどのように構成されているかによって、それぞれのラングは、世界を別様に切り取っているのである。羊をシープと呼び、羊肉をマトンと呼ぶ英語は、羊も羊肉もひっくるめてムートンと呼ぶフランス語とは、現実を違った形で切り取っている。

(13) ソシュール『一般言語学講義』一六八ページ

仮に、水たまりを「池」「沼」「湖」「潟」という四つの辞項によって表現するラングと、「池」「湖」「潟」という三つの辞項によって表現するラングがあるとすれば、「池」はそれぞれ、全体の四分の一なり、三分の一なりの意味の守備範囲を占めていることになるだろう。いずれの場合にも、「池」は「池以外のものではないもの」として、「非―沼・湖・潟」もしくは「非―湖・潟」として存在しているわけであり、両者においてこの辞項の意味するところは違ってくる。とりもなおさずそれらは、「各名辞間にあらわれる差異によってのみ」生み出されることになるのである。

通常の体系では、実体が先にあって関係が生じるが、ラングの体系においては、関係が先にあって、そこから辞項が生じ、その辞項の指し示すものが、私たちにはあたかも実体であるかのように見えてくるのである。まさしく「わかりにくい考え Idée difficile」には違いない。

世界の切り取り

しかしながら、こうしてみると、言語と世界との関係も、いっそう明らかになってくる。日ごろ私たちは、あれこれの事象があるから、それに応じた名前をつけていると考えがちである。そこに川なら川が流れているから「川」と名づけ、これを英語では「リヴァー」、フランス語では「リヴィエール」と呼ぶ。つまりは、それぞれのラングが、同じものに違ったレッテルを貼っているというわけだ。これを称して「ノマンクラチュール」、すなわち「言語命名論」もしくは「言語名称目録論」というのだが、はたして、そんな考えでいいのだろうか。

今しがた見たように、「沼」という言葉の有無によって、「池」の意味するところは違っている。それならば「川」だって、ラングごとに違ってくるのも見易い道理。もちろん、隅田川や神田川と、アマゾン川やミシシッピ川とを比べてみれば、規模の点でとうてい同じ川とは思えない…などという内容の差をあげつらうこともできるだろうが、それだけではない。そもそも川というものの捉え方が、たとえば日本語とフランス語とでは、まるで異なっているのである。

日本語には、川を表わす言葉として「川」と「河」とがある。両者に厳密な区別はないが、おおむね「川」の方が小さく、「河」の方が大きいというのが常識であるだろう。もちろん、こうした川の名前のヴァリエーションはフランス語にもあるわけで、およそのところ私たちは、「川」を「リヴィエール」、「河」を「フルーヴ」と訳すことに慣れている。けれども、本当を言えば、この対応関係は正しくない。フランス語では、「リヴィエール」は川に注ぐ川、「フルーヴ」は海に注ぐ川、と明確に区別されているのである。つまり、前者は支流、後者は本流を指しており、厳密に言えば、日本語の「川」とフランス語の「リヴィエール」とは似て非なるものなのだ。

もちろん、「水の流れ」という中心的な意味には、さほど大きなズレはない。だからこそ、その部分では翻訳も成り立つわけだが、これが川に注ぐか海に注ぐかという違いは、私たちがそれを眺める視点に応じ、各言語の体系に応じて、意味を持ったり持たなかったりするのである。これまた、水たまりの識別やマトンとムートンとの違いなどをめぐって論じてきたことに他ならない。だとすれば、「リヴィエール」と「フルーヴ」との違いは、結局、実物の川そのものが要請する区別ではなく、むしろ言語の方が創り出す区別なのだということが明らかになるだろう。

こうして問題点は絞られてくる。要するに、私たちの日常的な言語観の背後には、かなり素朴な実在論が横たわっているのである。つまり、先ほどの「ノマンクラチュール」によれば、言語表現とは何の関係もないところで、すでに、はっきりと分節された対象物が存在している、という発想が前提されているわけだ。ソシュールはこれを先入観として、きっぱりと否定する。

あらかじめ確定された諸観念などというものはなく、言語が現われないうちは、何一つ分明なものはない[14]。

たとえば、「愛」という言葉なくして、愛というものが存在しうるのか、あるいは「勇気」という言葉なくして、勇気というものが存在しうるのか…こうした抽象概念であれば、たしかに納得し易いかもしれないが、これに劣らず、具体的に存在すると思われる事象の多くがまた、言語によってこそ存在しているのではないかということは、一度じっくり考えてみるべきことであるだろう。いずれにしても、ラングはそれぞれの体系において独自に構造化されており、その体系内の関係性すなわち「示差性」によって辞項が生じ、この辞項が、それに対応する現実を世界の中から「恣意的」に切り取ることとなるのである。メルロ＝ポンティがソシュールの内に見出したのは、まさに「示差性」と「恣意性」とをめぐるこの中核的な思想であった。

音素レベルにおける言語的所作

メルロ＝ポンティは、こうして、かつての「語るパロールの詩的理論」に、このソシュールの「ラングによる世界の切り取り理論」をかけあわせ、いよいよ言語を正面から論じる次第となる。「語るパロール」の創造性は、「世界の切り取り」を変えるところにあり、「言語的所作」は、「示差性」の働かせ方にある。彼はおそらくそう考えていたに違いない。『知覚の現象学』[15]において、「実存的身振り mimique existentielle」[16]もしくは「分節的表情 physionomie articulaire」として語られて

(14) ソシュール『一般言語学講義』一五七ページ
(15)『知覚の現象学』1 二九九ページ
(16) 同書、二二〇ページ

いたものは、次第に言語学的な表現を取り入れながら変奏されてゆく。

私が語を知ってそれを発音するためには、その語を私の心に表象する必要はなく、その語の分節的および音声的本質を私の身体の可能な使用法の一つ、転調の一つとして所有すればそれで十分なのだ。（『知覚の現象学[17]』）

表現のスタイルとしての、またことばを用いる独特の方法としての国語の全体は、最初の音素的対立によって、前もって子供につかみとられているのである。（「間接的言語と沈黙の声[18]」）

いかがだろうか、かつて「語の分節的および音声的本質」と語られていたものが、今では「表現のスタイルとしての音素的対立」といったたぐいの物言いに変わってきているのである。そればかりではない。彼はソシュールから得た知見を、さらにその後の音韻論的な研究にも繫いでいく。

今日の言語学は、言語の一体性を、もっと明確に考えていて、語の根源に――おそらく形式や文体の根源にさえも――「対立的 oppositifs」で「相関的 relatifs」な諸原理を分離しているのだが、これらの原理にたいしては、記号に関するソシュールの定義は、語にたいする以上に、厳密に適用されるのである。なぜなら、ここでは、言語のさまざま分力が問題なのであって、これらの分力は、それ自身としては、それと指定しうるような意味をもっておらず、それらの唯一の機能は、本来的な意味での諸記号の識別を可能にすることなのである。[19]

邦訳で「言語の分力 composantes du langage」とされているのは、むしろ「言語の構成要素」とでも訳すべきものであり、ここでは「音素 phonème」をモデルとする言語の差異化作用が語られているとみてよろしかろう。[20] ソシュール自身も、すでに音素を「対立的 oppositives・相対的 relatives・虚定的 négatives」なものと規定していたのである。音素は、それ自身では意味をもたず、諸記号の識別を可能にするのみ——今日の言語学において、もはや常識となっているこの事実は、簡単に言ってしまえば、以下のようになるだろうか。

「赤」と「丘」という二つの言語記号(形態素)は、それぞれ「aka」「oka」という三つの音素からなっている〔ここでは分かりやすさを第一に、発音記号ではなくアルファベット表記とする〕。音素「a」「k」「o」は、それぞれ何の意味ももたないが、「a - o」の対立によって「赤」と

(17) 『知覚の現象学』1 二九七ページ
(18) 『シーニュ』1 六〇ページ
(19) 同書、五九ページ
(20) ソシュール『一般言語学講義』一六六ページ

「丘」とを識別させているわけだ。おかげで、次のような一連の記号は、語頭の音素の違いだけで互いに他を成立させているのである：「坂 saka」「鷹 taka」「和歌 waka」「画家 gaka」「中 naka」「墓 haka」「バカ baka」…。

つまり、私たちは、これらの音素の使い分けを、まさしく「表現のスタイル」として「身体図式㉑」の中に組み込むことによって、身体表現を言語的所作にまで延長し、新たな意味の次元を切り開いている、と、そうメルロ＝ポンティは考えていたに違いない。

言語的所作としての差異化作用

その後、ロマン・ヤコブソンたちの研究により、音素のさらに下位区分として「弁別素性」といったものも考えられるようになってきた（図次頁）。音素がさらに弁別素性の束と見なされるようになるわけだ。そこからすれば、「赤」と「丘」との識別も、音素「a - o」の対立よりもっと下の部分でなされていることになり、「a」の内にある「非—変音調性」という素性と、「o」の内にある「変音調性」という素性との差異によって生じていることになる。だが、ここまできても、やはり「記号に関するソシュールの定義は、語にたいする以上に、厳密に適用される」のであって、メ

	o	a	e	u	ə	i	l	ŋ	ʃ	tʃ	k	ʒ	dʒ	g	m	f	ṗ	v	b	n	s	θ	t	z	ð	d	h
1. 母音性/非-母音性	+	+	+	+	+	+	+	−	−	−	−	−	−	−	−	−	−	−	−	−	−	−	−	−	−	−	−
2. 子音性/非-子音性	−	−	−	−	−	−	+	+	+	+	+	+	+	+	+	+	+	+	+	+	+	+	+	+	+	+	−
3. 集約性/拡散性	+	+	+	−	−	−		+	+	+	+	+	+	+	−	−	−	−	−	−	−	−	−	−	−	−	
4. 低音調性/高音調性	+	+	−	+	+	−									+	+	+	+	+	−	−	−	−	−	−	−	
5. 変音調性/非-変音調性	+	−		+	−																						
6. 鼻音性/口音性								+	−	−	−	−	−	−	+	−	−	−	−	+	−	−	−	−	−	−	
7. 緊張性/弛緩性									+	+	+	−	−	−		+	+	−	−		+	+	+	−	−	−	+
8. 継続性/中断性									+	−	−	+	−	−		+	−	+	−		+	+	−	+	+	−	
9. 粗擦性/円熟性									+	+	−	+	+	−							+	−	−	+	−	−	

⦿——ヤコブソンによる英語の素性行列（加賀野井秀一『20世紀言語学入門』（講談社）より）

ルロ＝ポンティの基本姿勢に変更をせまるものは何もない。結局、言語における差異化のメカニズムは、どんなレベルで考えられても、妥当することになるだろう。

いずれにもせよ、こうして私たちは、身体表現の延長上に言語による差異化のメカニズムを働かせ、世界を恣意的に切り取っていることになる。ただし、差異化がどのレベルで行なわれていようとも、実際に世界の切り取りが意識されるのは、言語記号が言語記号として成り立つレベル、つまり形態素以上のレベルにおいてである。では、そこで行なわれる言語的所作とは、一体どのようなものになるのだろうか。

かつてメルロ＝ポンティは、次のような謎めいた表現を残していた。

言語とは、主体がその意味の世界のなかでとる、その位置のとり方を表しているのであり、あるいはむしろ、その位置のとり方そのものである。(22)

今や、この言葉を、こんなふうに解釈してみてはいかがだろう。

たとえば、誰かがここで「空は青い」とつぶやくとしよう。この時、私たちは世界の中で「空」を「非―空」から区別して切り取り、その空を、「非―青」から区別し、そこから得られた「青い」という属性によって限定する。そして、同時に私たちは、まさしくその「青い空」のもとに身を寄せているのである。あるいはまた、「この花は赤い」と言ってみてもいい。この時もまた私たちは、

「花」を「非─花」から区別して切り取り、「この花」を「他の花」から分け、「赤」を「非─赤」から分けていることになるだろう。差異化のプロセスが一段階増すわけだ。

もちろん、こうした切り取りの程度は、最初から、いかようにも変えられる。わが家の愛猫を固有名詞で「アルマ」と呼ぶこともできれば、必要に応じて「ブチ猫」とも、「猫」とも、「動物」とも言うことができるだろう。それればかりではない。「界門綱目科属種」のようなカテゴリー的切り取りのレベルだけではなく、「奴」と呼んでみたり「可愛こチャン」と呼んでみたりして、好悪感を入れながら切り取ることもできるのである。

そしてそこには、上手い切り取り方もあれば、下手な切り取り方もある。

山田花子は、○○レストランの店員です。

山田花子は、○○レストランという飲食店で働いている女性の店員です。

後者では、明らかに世界の切り取りが重複しており、冗長の感は否めない。

(21)『知覚の現象学』で展開される「身体図式」の概念についての説明は、この拙論においては割愛せざるを得ないし、言語の差異化作用をどのようにしてそこに組み込むかという細かな議論もまた、別の機会に求めざるをえない。

(22)『知覚の現象学』1　三一六ページ

あるいはそんなところから、たとえば、和歌と俳句との切り取り方の違いにまで思いを馳せることもできるだろう。

いにしへの奈良の都の八重桜けふ九重ににほひぬるかな

目には青葉山ほととぎす初松魚

和歌の方は、世界の切り取りを一筋の流れのようにして、大きいところから小さいところに次第に絞り込んでいくという自然な動きを見せるわけだが、俳句の方は、特にここでは、視覚・聴覚・味覚に応じた別々の切り取りを人為的につき合わせることによって、相互作用を楽しむようなスタイルをとっている。もちろん、この二つの例の特殊性はあるとしても、概して、和歌と俳句との言語的所作の違いはよく示されているように思われる。

さらにまた、こうした形であれば、日本語に特徴的な言語的所作と、欧米語に特徴的な所作との違いを論じることも可能だろう。たとえば、日本語では「象は鼻が長い」と言う。その場合、まずこの表現は、「象は」と言って、語るべき主題を提示し、さらにこの主題の中で「鼻」を限定することによって、順次その内実を語っていく。つまり日本語の所作は、先ほどの和歌のように、大きなカテゴリーから次第に小さなものへと絞り込んでいく帰納的スタイルをとるのである。

これに対し、欧米語では、多くの場合「AはBである。なぜなら、〜であり、〜であり、〜であるからだ」となってくる。こちらは、まず一つの命題を打ち立てておいて、必要に応じ、その理由を並べたてていくものだ。当然ながら、これは演繹的な言語的所作を示すことになるだろう。

ラングの差異化からパロールの行使へ

ところで、言語によって世界を切り取ることは、同時に切り取られた現象を言語で包むことでもある。たとえ「池」が「池」として存在するためには、その意味の守備範囲が、「沼」「湖」「潟」「内海」「外海」「大洋」など、他の「水たまり」を表わす辞項との差異から「虚定的（ネガティヴ）」に導き出されねばならなかったにしても、ひとたびそれが確定すれば、この語はあたかも「実定的（ポジティヴ）」に存在しているかのように見えるだろう。私たちがパロールを行使するのは、いつもそのレベルなのであって、メルロ＝ポンティが次の一節で言おうとしていたのも、これより他のことではありえない。

> ソシュールが解明しているように、たとえ言葉のひとつひとつが他のすべての言葉からその意味を引出しているにしても、その言葉が作り出される瞬間においては、言いあらわすという作業は、もはや区別されるものではなく、他の言葉に帰するものでもない。それは今や現実に

遂行され、われわれは何物かを理解している。ソシュールがはっきりと示しえているように、あらゆる表現行為は、或る一般的な表現体系の転調としてはじめて、意味するものとなるのであり、また、その行為が、他の言語学上の動作と区別されている限りにおいて、意味するものとなる、――ふしぎなのは、彼以前に、われわれがこのことについて何も知らなかったことであり、今もなお、われわれが語るたびごとに、まず第一にソシュールの諸観念について語るたびごとに、それを忘れてしまうということである。[23]

ラングの差異化作用による辞項の決定は、根本原理である。そして、音素や弁別素性はこの差異化の身振りを象徴的に表わしていた。おかげで私たちには、言語による世界の切り取りが恣意的であることも理解でき、そこから、言語によって世界を裁ち直してゆく可能性さえ垣間見ることもできるのだが、はたして、実際のパロールを行使するレベルにおいて、この裁ち直しはどのように成就されるのだろうか。ここでもまたメルロ゠ポンティは、やや謎めいた「或る一般的な表現体系の転調」という言い回しを使っているに過ぎないが、それは具体的にはどういうことなのか…そう考えを進めていくと、私たちは再び『知覚の現象学』の時代に遡って、これと呼応するような一節に出会うこととなるだろう。

手もちの意味、つまり過去の表現行為の集積が、語る主体たちのあいだに一つの共通の世界を確立しており、現在使われるあたらしい言葉がそれに依拠することは、あたかも所作が感性的世界に依拠するのとおなじことである。そして言葉の意味とは、その言葉がこの〔共通の〕言語世界を使いこなす仕方、あるいはその言葉が既得の意味というこの鍵盤のうえで転調する仕方、以外の何ものでもない。[24]

ここで「或る一般的な表現体系の転調」は、さらに比喩的な「鍵盤のうえで転調する仕方」という表現になってはいるものの、その鍵盤に「既得の意味」という修飾がついているため、かなりはっきりしたイメージが得られるに違いない。つまり、私たちのまわりには、過去のさまざまな差異化作用から生じた既得の意味が広がっており、それが私たちの身体に対する感性的世界のような一種の言語世界を形成しているのである。私たちの「語るパロール」とは、まさしく、この既得の意味をもつ既成の言語を駆使して、それを転調させてゆく行為の謂いに他ならない。

結局、メルロ＝ポンティは、『知覚の現象学』の頃の「語るパロールの詩的理論」をそのままに維持しつつ、ソシュールの「ラングによる世界の切り取り理論」を援用しながら、言語によって世界を裁ち直すべくその可能性を探り、ついに再び、詩的理論の新展開をもくろむところに復帰して

(23)『シーニュ』1　一二四ページ
(24)『知覚の現象学』1　三〇六ページ

きたのである。先に言及したように、「語るパロール」の創造性は、「世界の切り取り」を変えるところにあり、「言語的所作」は、「示差性」の働かせ方にある。そう確信したメルロ＝ポンティは、ついに、「語るパロール」のレベルそのものにおいて、いかに「示差性」を働かせるかという初心に立ち返ることになったのだった。

パロールの創造性と哲学の可能性

すでに私たちは、ラングとパロールとの関係を論じる際、「冷たいおののき」を例として「語るパロール」の創造性にも触れておいた。月並みなラングの組み合わせがパロールの中で変調をきたし、そこから新たな意味が生じて、ついには自然の淘汰にもかかわらず存続したものだけがラングのなかに登録されてゆく…そんなプロセスを、ロートレアモンの「手術台の上でのミシンと雨傘との出会い」に仮託しながら論じておいたはずである。

メルロ＝ポンティは再度この立場に復帰し、パロールによって結び合わされた月並みなラングの辞項同士が、その相互作用の中から少しずつ偏倚を生じ、ついには表現全体の「首尾一貫した変形déformation cohérante」(25)を創り出す一部始終を描き出している。偏倚は、たとえばスタンダールの創作のさなかにあるわけだが、それは私たちの読書によって追体験されることになるだろう。

私は、スタンダールの使っている世間一般の語を通してスタンダールのモラルのなかに入りこむわけであるが、しかしその語は彼の手のなかで秘かに歪められているのである。言葉の裁ち直しが多角的になるにつれ、そして以前には私は行ったこともないし、おそらくスタンダールなしでは決して行くこともなかっただろうような思想の場を示す矢印がより多く描かれるにつれて〔…〕それだけ私は彼に近づき、ついには彼の語を、彼が書いた意図そのもののなかで読むまでになる。誰かの表情や、要するに彼の個人的スタイルを再演することなしに、その声を真似るというわけにはいかないものだ。そんなわけで、著者の声が、ついには私のうちに彼の思想を導き入れてしまうのである。初めは私を万人共通の世界に差し向けていた共通の言葉や、決闘だの嫉妬だのという、要するに万人周知の出来事が、突然、スタンダールの世界の密使として働くようになり、ついには私を、彼の経験的存在そのもののなかにではないにしても、少なくとも彼が作品に両替しながら五〇年間自分を相手にその話をしつづけてきた当の想像的自我のなかに、住みこませてしまうことになる。(26)

(25)『シーニュ』1　二一九ページ
(26)『世界の散文』二一八〜二一九ページ

「世間一般の語」が、スタンダールのパロールによって独自に配置され、通常の意味の守備範囲を広げたり縮めたりしながら、秘かに歪められて、裁ち直されてゆく。そんな語が多くなるにつれ、それらがこぞって指し示す思想の場も、次第に明らかになってくることだろう。個々の語は、作家のスタイルによって、まさしく「首尾一貫した変形」を被っているのである。こうして私たちは、少しずつ、スタンダール独自のリズムや意味にからめとられてゆき、ついには、彼独自の世界観をもすっかり体得してしまうに違いない。これぞまさしく「語るパロール」の力というべきものであるだろう。

ところで、こうした現象が見られるのは、詩や小説だけではない。「間接的言語と沈黙の声」において、それは画家の創作のうちにも跡付けられているわけだし、メルロ＝ポンティにとっては、哲学もまた、すぐれて「語るパロール」の支配する領域であったのだ。彼はすでに『知覚の現象学』において、主題的ではないけれど、哲学における言語の働きを粗描していた。

たとえば外国に行って語の意味を理解しようとするとき、まずその語が行動の全体的文脈のなかでどんな地位を占めるかを知り、外国人との共同生活に加わることから始めるものだが、ちょうどそれとおなじように、まだよく理解できないでいる哲学書の場合でも、それを読んでいるうちにすくなくとも或る種のスタイル——スピノザ風のスタイルとか、批判主義のスタイルとか、現象学風のスタイルとか――が解ってくるようになり、これがその哲学書の意味の最初の粗描となるわけで、こうして或る一つの哲学を理解するのに、まずこの思想の存在様式のなかに滑り込み、その哲学者の調子とかアクセントとかを自分で再現してみることから始めるのである。要するに、すべての言語が自分で自分を教え示すのであり、みずからその意味を聴者の心のなかに運び込むのである。はじめのうちは理解されもしなかった音楽なり絵画なりも、もしそれが本当に何事かを語るものならば、ついには自分自身で自分のまわりに自分の聴衆またはは観衆を創り出す、つまり自分自身で自分の意味を分泌するようになるのだ。[27]

これは明らかに、先のスタンダールの創作に通底するものであるだろう。こうした各領域を横断する全体的な見通しがあってこそ、メルロ＝ポンティはあの『知覚の現象学』の感動的な序文の末尾を「現象学はバルザックの作品、プルーストの作品、ヴァレリーの作品、あるいはセザンヌの作品とおなじように、不断の辛苦である[28]」と結ぶこともできたのである。単なるペダントリーではない。哲学者の辛苦もまた、作家や画家や音楽家と同じく、「世界を見ることを学び直す[29]」ところに

(27) 『知覚の現象学』1 二九四ページ
(28) 同書、二五ページ
(29) 同書、二四ページ

あり、彼もまた作家とともに、「語るパロール」というマチエールを駆使している。それによって、たとえばアウグスティヌスは、形容を絶した「神」について語ることができ、ベルクソンは、筆舌に尽くしがたい「持続」について語ることができたのに相違ない。

「手持ちのものとなっている意味が、突然あたらしい未知の法則によって組み合わされて、ここに決定的に一つのあらたな文化的存在が存在しはじめたのである[30]」と、いみじくもメルロ＝ポンティが指摘していたように、デカルトの「コギト」、ベルクソンの「純粋持続」、そしてメルロ＝ポンティ自身の「知覚」…等々の概念もまた、まさしくあの「語るパロール」の結晶であったことを、私たちはここで再び、思い起こすべきであるだろう。

表現の操作は、それがうまく行った場合には、単に読者および作家自身に一つの備忘録を残しておくことではなくて、テクストの深部そのもののなかに、意味を一つの物として存在するようにさせ、その意味を語のつくる一つの有機体のなかで生きるようにさせ、その意味を作家または読者のなかに一つのあらたな感覚器官として据えつけ、われわれの経験に一つのあらたな領野または次元をきり拓くのである[31]。

こうしてメルロ＝ポンティは、首尾よく身体論の次元を言語論の次元に統合し、そこからさらに、言語表現としての哲学そのものをも捉え返すようになってくる。いよいよ彼の前には、少しずつ、新たな哲学の可能性が姿を見せ始めていたのである。

(30) 本書一八八ページ参照
(31) 『知覚の現象学』1 二〇〇ページ

※ なお、この小論では、ソシュールへの言及箇所において、拙著『知の教科書 ソシュール』(講談社叢書メチエ)と重複する部分のあることをお断わりしておきたい。

『眼と精神』

「幼児の対人関係」と「眼と精神」

一九五〇年代、メルロ＝ポンティは「知覚」から「言語」へと研究領域を拡げ、アンガージュマンの経験を加味しながら、世界や他者との間合いを測ろうとしていたわけだが、この時期、彼は特定の二領域において、具体的な考察を進めてもいた。「発達心理学」と「絵画論」の領域である。前者は「幼児の対人関係」（一九五〇）、後者は「眼と精神」（一九六一）にそのエッセンスが記されており、邦訳では、両者ともに『眼と精神』の総題で一書にまとめられている。一見したところ、まるで別分野の研究と思われるかもしれないが、いずれも当時の彼の哲学的思索を傍証するものとなっており、その視点から捉え直してみれば、さほど無縁のものではありえない。本書では、この第六章のみで、両者をともに料理してみよう。

一九四九年、メルロ＝ポンティはパリ大学文学部教授となり、担当が「心理学」と「教育学」であったため、まずは発達心理学を講じることによってこの任を果たしたものと思われる。毎年の講義内容は以下のようになっている。

一九四九〜五〇年度：子どもの意識の構造と葛藤

同　　　　　　：意識と言語の獲得
同　　　　　　：大人から見た子ども
一九五〇〜五一年度：子どもの心理社会学
同　　　　　　：幼児の対人関係
一九五一〜五二年度：児童心理学の方法
同　　　　　　：他者経験
一九五一〜五二年度：人間諸科学と現象学

「人間諸科学と現象学」は主題を異にするとして、発達心理学関係の講義記録においては「幼児の対人関係」が群を抜いて優れている。それもそのはず、この講義のみがメルロ＝ポンティの生前、彼自身の校閲を経て大学資料センターから出版されるほどのものになっていたからだ。ここにおいてメルロ＝ポンティは、知覚とパーソナリティとの関係、言語的知性と情動との関係、さらには他者知覚の生成について、具体的な心理学的知見から接近しようとする。つまりは、『行動の構造』や『知覚の現象学』から『シーニュ』に至るまでの哲学的な歩みを心理学の方向から傍証してみようと考えているのである。

一方、「眼と精神」に結実する絵画論研究にも前史がある。彼はすでに一九四五年の雑誌論文「セザンヌの疑惑」に始まり、前章で取り上げた五二年の「間接的言語と沈黙の声」、さらにはその「間接的言語と沈黙の声」の母胎とも言うべき未完の作品『世界の散文』を経由して、常に絵画の謎を追究し続けていたのである。この到達点が生前最後の作「眼と精神」になるわけであり、これはまたこれで、未完の大著『見えるものと見えないもの』の一部として構想されていたようだから、そこには、絵画論にとどまらぬ新たな哲学の萌芽が認められたとしても不思議ではあるまい。

つまるところ「幼児の対人関係」は、前章までのメルロ゠ポンティの歩みを具体的な一人間科学の視点から照射し、「眼と精神」は、そこから先の歩みを、絵画論の側面から素描するものであると言えるだろう。とりもなおさず、この章で両者を同時にあつかう所以である。

心理的硬さ——知覚とパーソナリティとの関係

メルロ゠ポンティは「幼児の対人関係」の冒頭を、まずは心理的硬さについて論じるところから始めている。「心理的硬さ」とは、ある特徴的な被験者の態度であり、どんな質問にも、何のニュアンスもない切口上で返事をしたり、何かについて語る場合には、それが持つ相互に符合しないような特徴はなかなか認めたがらず、常に単純で断定的な見解に達したがる態度とでも言えばいいだろうか。

こうした態度を前にすると、私たちは彼らが確固たる信念を持っているように受け取りがちだが、実はそうではなく、多くの場合その下には、ひどく分裂したパーソナリティが隠れていたりするのだということを、メルロ＝ポンティは心理学者エルス・フランケル＝ブランズウィックの研究に即して明らかにしてゆく。

たとえば、被験者に「あなたの母親はどんな人物か」という質問をしてみると、往々にして「世界一の母親だ」などという答えが返ってくることもあるだろうが、心理的硬さを持った被験者の場合、しばしばそこには精神分析学で言う「反動形成」のようなものが働いていて、心の奥には、母に対する憎しみが隠されていたりするのである。

こうした人々は、道徳問題や社会問題でも、二分法によって事を決しがちである。親は絶対の権威を持ち、子は全面的に服従すべしとか、男性と女性にはそれぞれ決められた役割があるはずだとか、かたくなに主張したがるわけである。そんな傾向が嵩じれば、清潔か不潔かの観念にさいなまれながら、常に手を洗い続ける「清潔マニア」などが生じることにもなるだろう。政治の世界では、善悪二元論に狂奔するどこかの国の大統領や、一語文で語るわが国の宰相なども、このたぐいのパーソナリティに毒されていたのかもしれない。

いずれにしても、そうした傾向の根源には、幼児期の「硬さ」、つまり善悪の二分法、徳と不徳の二分法、男らしさと女らしさの二分法といったものがあるわけで、彼らはそれを、家族との最初の絆の中で身につけるものなのだ。フランケル＝ブランズウィックによれば、問題となるような家族は、たいてい、幼児を「調教」しようとする権威主義的な家族であり、幼児には居心地の悪い

「欲求不満的」な家族であるという。

これはメラニー・クラインの言う「やさしいお母さん」と「意地悪なお母さん」、もしくは「良いおっぱい」と「悪いおっぱい」との共存の問題にもつながってくるだろう。たとえ、どのような母親でも、いたらぬ所があり、子供にとっては見たくない側面もあるのだが、やがて子供は成長するとともに、それを正視し、やさしく寛大なその同じ存在が、うとましく不完全な存在でもありうるという両義性を認めるようになってくる。これをかたくなに拒もうとするのが「心理的硬さ」であるというわけだ。ここでもまた、両義性を受け入れられぬ者は、見たくないものを別の場所に投影する。たとえば、自己の内部にある性的欲望を認めたくないがために、それを黒人に投影してみたり、自己の金銭的執着をユダヤ人に投影してみたり、弱さを女性に投影してみたりすることになるだろう。

そればかりではない。こうしたパーソナリティは、外部知覚という一見非人格的と思われるような機能にも影響を与えているのである。たとえば、心理的に硬い被験者に、犬の姿がしだいに猫の姿に変貌していく映像を見せるとしよう。すると彼らは、他の被験者たちがとっくに猫になったと指摘する段階でも、まだその変化を認めようとはしないのだ。つまり彼らは、知覚においても柔軟性に欠けてしまうわけである。

いかがだろうか。結局これは、ゲシュタルトとしての身体が世界によってどのように形成され、その身体がまた、世界をどのように知覚し、どのように形態化していくのか、その弁証法を具体的に語るものであるだろう。

感情性と言語

続いてメルロ＝ポンティは、もっぱら知的な操作であると思われがちな言語習得と、幼児が家族的環境に入り込むこととの間に深いつながりがあることを、これまた精神分析学者フランソワ・ロスタンの研究をもとにして具体的に捉えようと試みる。

幼児は、〇歳から二歳までの間に手本となるべき言語のモデルを持たず、言葉を話すような環境にいない場合、「野生児」の例にも見られるとおり、その時期に言語を習得した幼児ほど話せるようにはならない。また、何かのぐあいで長期間母親からひき離された子供は、決まって言語の退行現象を示す。だとすれば、言語の習得は、対母親関係と同じスタイルの現象なのではあるまいか。そして、対母親関係が精神分析学で言うところの「同一視」の現象であるならば、言語の習得もまた同一視として捉えることができるのではないか。そうロスタンは推測するのである。

こう考えるよすがとして、彼は、新生児が加わった家庭における末っ子の嫉妬克服の例をあげている。末っ子は、自分の下に弟や妹が生まれると、さまざまな形で嫉妬を表わし、最初は自分自身を新生児と同一視して、まるで赤ん坊になったかのように振舞う。言語や性格にも、明らかな退行現象が見てとれる。ところが、やがて彼は自分を兄と同一視し、ついに嫉妬克服するに至るだろう。兄のあらゆる特徴を採り入れ、それまで兄が自分に対してとってきた態度を、新生児に対してとるようになるのである。

この時、ちょうどそこには一つの偶然が重なっており、彼の家庭には、親戚筋にあたる第四番目の子供が滞在していたのだった。その子は長子よりも年上だったので、長子から絶対的な意味での年長という性格を取り除くことになり、この相対化が功を奏して、真中の子供が兄の役割をわがものにする地すべり現象が起きたと考えられるのである。おかげで、当の子供においては、神経症による吃音がなおったり、急激な言葉の進歩が見られたりすることとなり、とりわけ、さまざまな過去形や未来形が使い分けられるようになったという。

これはどういうことを意味するのか。まず、子供の嫉妬は、その本質において、状況が変わることに対する拒否である。末っ子は、これまで自分が占めてきた楽園的な場所を新生児によって取り上げられようとしているのだ。この嫉妬を克服するためには、彼は自分がその只中で生きている他人との関係を再編成し、同時に実存の新しい次元（過去―現在―未来）を手に入れ、それらを自由に組み合わせることが出来るようにならねばならない。感情現象と言語現象との結びつきが現われてくるのは、この時である。「私は末っ子だったが、もう末っ子ではなく、やがては一番上にもなることだろう…」。つまり、そんな時間構造が習得され、これに対応する言語手段が整備されることと、嫉妬という感情が克服されることとの間には、はっきりした相関関係が認められるわけである。こうしてメルロ＝ポンティは次のように結論づける。

要するに、われわれが世界経験を知的な形で形成する作業は、たえずわれわれの対人関係という感情的形成作業によって支えられているわけです。或る言語的手段の使用は、当人と人間的環境との関係を組み立てているいろいろな力の〈場〉のうちに、取りこまれています。〔…〕幼児が自分自身の家族についてもつ経験は、人間と人間とのさまざまな関係の列記以上のものを、幼児に与えます。幼児が自分の家族関係を引きうけ形づくる時、それと同様に、幼児は或る思考の型全体を学ぶのです。さらに幼児は、言葉の或る用法全体を学び、また世界の或る知覚様式をも学ぶことになります。(1)

ここにおいてメルロ＝ポンティは、常に二分法的に考えられがちな言語的＝知的な秩序と知覚的＝感情的な秩序とを相関させ、それを力動的な場の内で捉え直しながら、人間の発達そのものを実存構造の組み替えとして見ているのである。前章での「身体―知覚―世界」の相互関係は、時間性・歴史・発達のダイナミズムの中で、互いに統合度を高めていくことになる。これまた、具体的事実による『行動の構造』や『知覚の現象学』の傍証と言うべきものであるだろう。

他者知覚の理論的問題——笑顔の意味

こうしてメルロ゠ポンティは、初めの二章でみずからの立場を粗描した後、おもむろに幼児の対人関係の発達を語ろうとするのだが、そこにはまだ、「そもそも他者知覚とはいかなるものか」という予めはっきりさせておくべき理論的問題がひかえていた。

通常、私たちは、心理作用は「当人にのみ与えられたものだ」と考えている。私は私の皮膚の内側に閉じ込められており、他人も他人の姿の背後に隠されている。だからこそ、人が今何を考えているかは、推測し、思いやるしかないのであって、結局、お互いの内心には到達できないものと考えているのである。他者認識の大問題は、全てここに由来する。つまりデカルトのオートマトンの挿話のように、私はいかにして、あそこを行く人物がコートを羽織った自動人形ではなく「心理作用」によって住まわれていると断言しうるのか、というわけだ。

この時、おおかたの人々は、それを「記号解読」のプロセスとみなし、納得したような気になっ

（1）『眼と精神』一二六〜一二七ページ

ているのではないだろうか。つまり、私には他人の心は隠されていて、身体しか見えないが、私は、私自身が自分の身体について感じているものを、他人の身体の上に投影し、そこから彼の心を推し測るのだと考えるわけである。したがって、ここでは他者知覚という問題が、四つの項を持った一つの系として立てられていることになる。まず第一に「私の心理作用」があり、第二に、私が触覚や体感によって抱く「私の身体像」もしくは「身体の内受容的イメージ」がある。そして第三に「私に見えているような他人の身体」があり、第四に、他人がその視覚的身体によって示す諸現象を通して、私が仮定したり想像したりする限りでの「他人の心理作用」があることになるわけだ。しかし、本当にそうだろうか。

ここで引き合いに出されるのは、幼児が大人の笑顔に対し、即座に笑顔で応じるという現象である。もしも他者知覚というものが、今のような記号解読にしたがっているとするならば、幼児はこの時、大人の笑顔の背後には当の大人の好意が対応しており、自分の笑顔にも自分自身の好意が対応していることを知っていなければなるまい。また、自分の笑顔の視像とその筋肉的内部感覚との照応関係や、同じく自分の笑顔の視像と大人の笑顔の視像との等価関係などにも通じていなければならぬ道理であるだろう。だが、幼児が大人の笑顔に笑顔で応じるという現象は、笑顔と好意との対応関係を知る時期どころか、自己身体の視像を知る時期にさえ、はるかに先駆けて観察されるものなのだ。これは一体何を意味しているのか。

とどのつまり私たちは、他者知覚を記号解読と考えるべきではない、という結論に導かれることになるだろう。メルロ＝ポンティは、心理学者ポール・ギヨームの研究を引き合いに出しながら、「幼児がまず真似るのは、人ではなくて動作である」[2]と言っている。動作主は、むしろその行為の起源が問題になった時、初めて見出されるものだと言うのである。これは私たちに、あの音楽における「旋律」と「個々の音階」との関係を思い出させはしないだろうか。そう、私たちは、まず鼻唄でも口ずさむかのようにして音楽のゲシュタルト的特性を捉え、その後、遅まきに個々の絶対音階を同定するのである。これと同じく、大人の笑顔もまた、顔の部品の個々の配置から解読されるものではなく、それは総体として「好意」という表情、「好意」というゲシュタルトとして捉えられる。つまり、他人の動作は、そのまま私自身の運動性に訴えかけてくるわけだ。ここでメルロ＝ポンティが問題にしようとしているのは、またしても、心理学的な一事象の是非ではなく、私たちの根深い認識論的偏見なのである。

放棄しなければならない根本的偏見とは、心理作用が当人にしか近づきえないものであって、私の心理作用も私だけが近づくことができて、外からは見えないものだとする偏見です。[3]

（2）『眼と精神』一三四ページ
（3）同所

私の心理作用も、他人の心理作用も、共に互いに対して開かれている。メルロ＝ポンティはそう考える。だが、そのためには、革袋の中に限定された身体という発想を転換する必要があるだろう。ここで再び登場するのが、ゲシュタルトとしての身体であり、あの「身体図式 schéma corporel」「体位図式 schéma postural」としての身体なのである。すでに『知覚の現象学』において充分展開されていたように、身体図式は一つの体系として、瞬時に、ある身体部位の運動を他の部位の運動に翻訳したり、ある感覚を他の感覚に置き換えたりすることができるものだった。そればかりではなく、この図式は外部世界との間にも「緊密な体系」を張り巡らせており、おかげで盲人は杖の先にまで手を延長することもできていたわけである。結局、知覚によって開示される世界や、その意味の前述定的な統一は、私たちの身体図式の統一に基づいており、世界の統一的な現われと、身体図式の統一とは、言わば、ただ一つの事柄の裏表でさえあったのだ。

そして、この身体図式は、自己意識や人称意識を持つ「私」の確立に先駆けて整備され始めていたはずだし、それを可能にするのは、「(私の)眼」「(私の)耳」「(私の)手」といった「自然的自我」としての「匿名の私」だったはずである。この匿名の私を個人史の中に位置づけ、身体と世界との関係を他者との関係にまで延長してみればどうなるか。それこそが、一見、何の変哲もない発達心理学講座と思われがちな「幼児の対人関係」の、真の狙いだったと言うべきであるだろう。

自他の未分化——癒合的社会性

こうした意図を勘案して発達心理学の基本的立場を捉え直してみるならば、そこには大略、ピアジェ的立場とヴァロン的立場というものが識別されるに違いない。それぞれ、心理学者ジャン・ピアジェの理論、もしくはアンリ・ヴァロンの理論に代表されるものだが、簡単に言ってしまえば、前者は、最初、自己中心性の中に孤立していた幼児が、コミュニケーション能力の発達に応じて周囲に開かれていくという立場であり、後者は、最初、自他未分化の状況を生きていた幼児が、次第に自他のしきりを発見していくという立場である。ここでもまた、心理作用が当人にのみ与えられていると考えがちな私たちの常識は、当然のようにピアジェ的立場をとるだろうが、はたしてそうだろうか。

身体は、まずは内受容的なものであるところから始まる。外界に関わるすべての知覚は、まだ萌芽的なものに過ぎず、視力調整が不十分だとか、眼の筋肉調整が不十分だとかいったきわめて簡単な理由で、外的知覚は不可能になっているわけだ。ウィリアム・シュテルンに従って、この時の身体は「口腔的」であると言ってもいい。つまり、口によって含まれたり探られたりする空間が、幼児にとってはぎりぎりの世界なのである。ヴァロンはこれを「呼吸的」身体とも呼んでいる。

やがて、神経接続が進み、髄鞘形成が行なわれるようになるにつれ、幼児の内ではだんだんと知覚が目覚めてくる。体位の平衡も知覚には欠かせない。世界の統一的な現われと身体図式の統一とが表裏のようなものだとすると、体位の平衡がとれなければ、その裏側の知覚も満足になされるはずはないからである。仰臥の姿勢におくと、しばしば幼児が眠ってしまうのもその証左になるだろう。仰臥は体位の平衡をとる努力を最小にするために、知覚や思考も停止しがちであるからだ。

このようにして幼児は、「私」として意識的に世界との関係を取り結ぶはるか以前から、匿名の私として、その身体図式を整えながら、世界に投錨し、世界に住み着き、世界を世界たらしめつつ、すでに決定的な形で世界に関わっている。身体図式の未整備な私は、まだ統一的な意識によって住まわれてはいないし、この革袋に閉じ込められてもいない。おかげで、幼児はやすやすと他人の生を生きたり、同時に複数の存在であったりすることが出来るのだ。他の子供の傷口を見ながら、それを自分自身の痛みと感じて泣いてしまったり、鏡に写った己が姿と本気で戯れてみたり、自分が幾人もの人間になって互いに話をしてみたり、事例を挙げればきりがない。幼年期は、まずはこうした自他未分化の状態から始まるわけだが、ヴァロンはこれを称して「癒合的社会性」と呼ぶ。

したがって問題は、もはやデカルト流の「あの革袋に閉じ込められたオートマトンが、いかにして心理作用によって住まわれていると判断するのか」ではなくて、むしろ「この心理作用が、いかにしてこの革袋のこちら側で、あるいは、あの革袋の向こう側で起こっていると感じられるに至るのか」ということになるだろう。つまり、「自他の間に境のあることが、いかにして会得されるようになるのか」という問いに変わってしまうのである。

鏡像段階

ここに登場してくるのが「鏡像段階」である。この概念、パリ・フロイト派精神分析学の創始者ジャック・ラカンの名が高まるとともに、今ではわが国でもかなり流通するようになってきたが、メルロ＝ポンティがこうした思索を展開している頃には、フランスにおいてさえ、ほとんど知られていなかったと言っていい。烱眼のメルロ＝ポンティは、すでにこの時、ラカンの目立たぬ論文、しかも彼の全業績の中でも最高位に置かれるべき論文「〈私〉機能を形成するものとしての鏡像段階」をひたすら掘り下げ、その鏡像段階を、ヴァロンの言う癒合的社会性を乗り越えるための契機とするのである。

生後六ヶ月を過ぎて、幼児が初めて鏡と出会い、その中に自分自身の像を認めるようになると、幼児はこの像に対し、精神分析学で言うところの「同一視」を行ない、それによって彼の内には「変容」が生じてくる。

幼児の世界に鏡像が入り込んでくるまで、彼にとって身体は、強烈に感じられはしても混沌とした現実だった。これをラカンの表現に従い、「ばらばらに寸断された身体像(4)」だったと言ってみてもいい。ところが、鏡像とともに、幼児は自分自身の視像、自分自身の統一像があることを学び、自らが、内受容性の側面だけでなく外面も持っていることを知るわけである。こうした自分自身の像は、自己認識を可能にしてくれると同時に、一種の自己疎外をもたらすことにもなるだろう。つまり私は、私によって生きられている自我の現実性から剝離して、たえず理想的・虚構的・想像的自我に関わることとなるのである。内受容的自我から可視的自我への移行、それはとりもなおさず、精神分析学で言う「自我」から「超自我」への移行でもあるわけだ。

メルロ＝ポンティはラカンの言葉を換骨奪胎し、鏡像を「私なるものが初め或る原初的形態のままそこに立ち現われ、やがて自他を同一視するという弁証法の中であわただしくおのれを客観化していく、その『象徴的母胎』[5]として捉え、そこに垣間みられる自己が自己自身から引き剝がされていくというこの自己疎外こそが、「他人による疎外」というさらに重大な疎外を私に準備してくれると考える。

そうした直接的な自己の疎外、鏡の中に見える自己によってなされる〈直接的な自己の押収〉は、すでに、自己を見つめる他人によってなされる〈自己の押収〉がどんなものであるかを素描していることになります。[6]

こうしてメルロ＝ポンティは、ちょうどベルクソンが、物質にイマージュを付加するのではなく、物質をイマージュ総体からの縮減として引き出そうとしたように、自我に他者を付加するのではなく、自他未分化の総体から両者を分割しようとするのである。このプロセスにおいて、ようやく、『行動の構造』における汎ゲシュタルト的世界観、『知覚の現象学』における身体図式の拡張としての世界観、そして言語学におけるネガティヴな差異の体系という三者が互いに照応し、新たな世界観、新たな存在論を描き始めることになる。ここで手がかりにされるのが絵画論なのである。

言語・音楽・絵画

だが、なぜ絵画論なのか。ここで導きの糸となるのが、なぜ音楽論や文学論であってはいけないのだろうか。もちろんそれには、メルロ＝ポンティの得手不得手というものも関係するに違いない。彼は、絵画には精通していたものの、音楽についてはそれほどでもなかったようだし（事実、彼の

（4）ラカン『エクリ』Ⅰ　一二九ページ
（5）『眼と精神』一六三〜一六四ページ。ラカン『エクリ』Ⅰ　一二六ページ参照
（6）『眼と精神』一六五ページ

全著作を眺めてみても、音楽への言及は驚くほど少なく、引用作品もごく月並みなものばかりである）、そもそも彼は「耳の人」であるよりもはるかに「眼の人」であったということもできるだろう。しかし、それならば、なぜここで彼の得意な文学が参照されないのか。未完の草稿『世界の散文』に見られるような文学的蘊蓄が、なぜここでも披露されはしないのか。

そう考えてみるならば、彼が新たな世界観を素描すべく他ならぬ絵画論に依拠したということは、どうやら、得手不得手などをはるかに越えた、もっと本質的な理由によるものだったらしいと推測されるはずである。メルロ＝ポンティは『眼と精神』の一節で、画家の特権について、こう語っていた。

ところで芸術、とりわけ絵画は、〈科学的思考の〉あの活動主義〔＝操作主義〕がおよそ知ろうとは望まないこの〈生まな意味〉の層から、すべてを汲みとるのだ。まさしくそれらだけが、まったく無邪気にそれをやってのける。著述家や哲学者に対してなら、ひとびとは勧告とか意見を求めるだろう。この人たちが世界を未決のままにしておくことは許されない。彼らは態度決定を求められ、〈発言する人間〉としての責任を拒否することはできないのだ。これとは逆に、音楽は、世界やおよそ名指しうるものの余りにも手前にいすぎるため、「存在」の純化された原寸図以外のもの、つまり存在の潮の満干、その増大、その破砕、その渦動以外のものを描き出すことはできない。画家だけがいかなる評定の義務をも負わされずに、あらゆるものを見つめる権利をもつのだ。（注：「これとは逆に」以下の部分は加賀野井が訳し直した。邦訳のこの部分には由々しき誤訳があり、意味が逆転してしまうからである。(7)）

つまり画家には、「著述家」や「哲学者」や「音楽家」とは違う独自の立場があるというわけだ。著述家や哲学者、すなわち言語表現を生業（なりわい）とする人々は、発言する人間としての責任をまぬがれない。それはそうだろう。彼らは理念性を駆使し、天下国家についても語るのだから。一方、音楽家は、世界や名指しうるものの手前にいすぎて、存在の原寸図以外のものは描けない。これまた然り。そこには、時とともに移ろいゆく音の流れしかなく、それに共振する聴き手の持続しかないのだから……。こうして、両者のはざまに位置する画家だけが、自在に、あらゆるものを見つめる権利を持

（7）『眼と精神』二五五ページ。この部分、邦訳では「これとは逆に、音楽は、世界やおよそ名指しうるものの余りにも手前にいすぎるため、存在の〈仕上げ図〉以外のもの、つまり存在の潮の満干、その増大、その破砕、その渦動を描き出すことはできない。」となっている。原文は“La musique, à l'inverse, est trop en deçà du monde et du désignable pour figurer autre chose que des épures de l'Être, son flux et son reflux, sa croissance, ses éclatements, ses tourbillons.”であり、“épures”は「仕上げ図」のようなスタティックなものではなく、時々刻々移り変わる存在の流れのようなものを「純化された」「原寸図」として描き出すものでなければならないし、“autre chose que”は“son flux”以下をも含んでいるので、「存在の潮の満干」「その増大」「その破砕」「その渦動」を描き出すのは音楽であり、音楽にはそれ以外のものは描けないというのでなければならない。この誤訳については、従来より気にかかっていたものの、木田・滝浦両先生には、ついぞお伝えせぬまま今日に至ってしまった。

つことになる。

たとえば、ここに一個のリンゴがあるとしよう。著述家たちは、その「みずみずしい丸い玉」や「つややかな果皮」を記述し、「新鮮な香り」や「体にしみわたるような美味」について言及し、やがてその実物の属性を越えて、自己の好みや立場を自由に語ることになるだろう。ひょっとしたら、成分や生産者にも思いをはせて、栄養価や市場価格を云々することになるのかもしれない。彼らは、またたくまにリンゴそのものとの接触を越えてしまうのである。

あるいはまた、音楽家たちは、そのつややかなリンゴの果皮を、同じようにつややかな弦の響きに置き換えてみたり、その新鮮な香りを、オーボエの朗々たるまろやかな音に託してみたりもするだろう。ただし、ここでは、リンゴそのものを多少とも客観化して眺めることは至難のわざとなるのである。ためしに、予備知識を入れることなくムソルグスキーの『展覧会の絵』あたりを聴いてみるがいい。そこにある種の喧騒のようなものが聞こえたとしても、それが「リモージュの市場」であることはおろか、「市場」であることさえ理解されはしないだろう。あるいは、ひどく威厳に満ちた打楽器の連打が聞こえたとしても、やはりそれが無条件に「キエフの大門」となるわけにはいかないのである。

画家の思索

そこからすれば、なるほど画家は、世界と程よいスタンスを保っているように思われる。彼はリンゴならリンゴをひたすら描き続けるわけだから、そこを越えて理念性の天空に雲隠れする心配はあるまいし、実物に忠実か否かは別として、少なくとも視覚的に対象化可能なオブジェを作り上げるのだから、その世界もまた、音楽家の世界ほどとりとめのないものにはなり得ない。いや、音楽にも楽譜があると言うなかれ。あくまでも音楽は、そこに実現される音なのだ。ともあれ、そんなふうに考えてくるならば、私たちにも、まさしく画家の作業こそが、現実に密着したまま世界を対象化しようとする独自の試みとして理解されてくるに違いない。

通常、画家の作業については、リンゴをいかにもリンゴらしく再現するとか（古典主義的）、それだけではつまらないので、リンゴから受ける感覚を色彩の乱舞の中に転写してみせるとか（印象主義的）、むしろ、自己の内部の感情を思いのままに表出するとか（表現主義的）、さらには、それら全てをすっかり抽象化してしまうとか（抽象主義的）、およそそうした試みの総体として彼らの思索が語られがちだが、それは鑑賞的な発想に過ぎるというもの。画家はそんなふうに理念的・流派的に思索するのではないことを、私たちはよくよくわきまえておかねばならない。

画家はリンゴを前に、素描し、陰影づけ、彩色する。何の変哲もない作業を、毎日営々と続けるわけだが、実は、この単純な作業が、すでにして多くの問題をはらんでいる。私たちは通常、物があたかも輪郭線によって縁取られているかのように思い込んでいるが、これなども、一度、じっくりと眺めてみれば、さほど単純なものでないことが納得されるはずである。左右の眼の微妙なブレによるものか、輪郭線は顫動しているようにも思われるし、きれいな弧を描いているはずのその線が、凝視の周辺でわずかに折れ曲がっていたりもする。

いや、それどころではあるまい。そもそも輪郭線とは何なのか。それは私の視点から捉えられた事物と背景との境界を画すものではあるが、即自的な世界そのものの中には存在していない。だからこそこの線は、地平線や水平線同様、私が間近に見ようとして近づけば近づくほど、次第に彼方へと退いていくのである。仕方がないので、画家はためしに、画布に一本の線を引いてみる。だが、それではいかにもぎごちない。そこで彼は幾本かの線を書き足してみる。けれども今度は、まるでリンゴが何個も重なっているように見える。では、輪郭線をぼかしてみるか。これもダメ。なら、いっそ線を描かず、色彩のみで境目をつけてみてはどうだろう…こうして画家は、日がな一日、世界と、あるいは自分自身の視覚と、対話し続けることになるのである。

例えば、セザンヌの卓が「遠近法の法則に反して画面の下で拡がっている」のも、セザンヌ夫人の肖像画の後景にある帯状模様が「身体の両側で一直線をなしていない」のも、すべてはここに由来する、と、メルロ＝ポンティは考える。(8) もとより遠近法にも、一点透視法、二点透視法、空気遠近法と、さまざまな種類があるわけだし、そのどれ一つをとってみても、世界の光景を、ひずみなく、余すところなく、キャンヴァスの平面上に写し取ることができないのは周知の事実。こうしたことは、エルウィン・パノフスキーの著書『象徴形式としての遠近法』がつぶさに論じていたはずである。また、私たちの知覚が物理法則の敷き写しでないことも、すでに『知覚の現象学』で見たとおり。直線は視野の周辺では、むしろ曲がって見えるのが当り前なのである。

このようにして、画家は世界との接触に、どこまでも忠実であろうとする。メルロ＝ポンティの言葉を借りれば、「画家は、生活に長けていようがいまいが、世界を反芻することにかけては比類なく優れている」(9)のである。それればかりではない。彼らには、ただ移ろいゆく知覚に身をまかせるだけではなく、それを画布の上に定着する作業が求められている。ところが、これがまた一筋縄でいくものではない。事実、世界をカメラの高速シャッターで写し取ってみたところで、映像は、魔女ゴーゴンのまなざしにでも射すくめられたかのように、瞬時に石化してしまう。飛ぶ鳥も、走る馬も、すべては一瞬の内に凍りついてしまうに違いない。だからこそ、ジェリコーは『エプサム競馬』の馬たちに、現実の瞬間にはありえないような姿勢をとらせ、空中で大きく前後に足を開かせる工夫をしたのである。

これは単なる意匠ではない。私たちの眼は、競馬の高速写真よりもジェリコーの絵の方に真実を見る。なぜなら、私たちの日常には一瞬一瞬を寸断するような知覚はなく、あらゆるものは、動的

(8)『意味と無意味』所収「セザンヌの疑惑」一五、一七ページ
(9)『眼と精神』二五六ページ

に、時間を跨ぎ越して捉えられているからだ。ロダンは時として身体に、それがどんな瞬間にもとったことのない姿勢をとらせ、頭・腕・胴・脚、それぞれ別の瞬間にとらえた像をまとめ上げていたという。だが、本来両立しえないもののこの出会いこそが、ブロンズや画布の上に「推移」や「持続」を湧出させていたのである。彼はこんな言葉を残している。

芸術家こそ真実を告げているのであって、嘘をついているのは写真の方なのです。というのは、現実においては時間が止まることはないからです。[10]

世界の厚み──「奥行き」と「パースペクティヴ」

こうした芸術家たちの思索は、まずは知覚に対する私たちの常識的解釈を直撃し、メルロ＝ポンティの行なってきた知覚野の記述を敷衍してくれることになるだろう。知覚についての古典的な考え方は、一致して、例えば「奥行き」が見えるということを否定してきた。かのバークリは、私たちが光景から受け取るものは、網膜上への平面的な投影でしかないのだから、そこに奥行きが記録されることなどあり得ないと言う。現代人の常識もまた大同小異。奥行きとは横から見た幅であるという考え方に帰着する。結局、そこからすれば奥行きは、知覚主体ではなく思惟主体が、正面図に側面図を継ぎ足して初めて得られるものだということになるだろう。だが、本当にそうなのか。私たちには、はたして奥行きを見ることができないのだろうか。

通常、私たちは、円は斜めから見ると楕円になると言う。では、その場合にも、そこに見えているのはあくまでも楕円なのであって、私たちはいつもそれを悟性的に修正しながら円と判断しているのだろうか。あるいはまた、白壁の上を物の陰がよぎるような時にも、私たちは陰になった部分を常に知的判断によって補正しながら、結果として、それを一様な白壁と判断しているのだろうか。しかし、そうだとすれば、ありとあらゆるものを理想的な状態で真正面からまなざす以外、すべては悟性が判断していることになるだろうし、そこではもはや、「見る」という言葉自体に意味が認められなくなってしまうに違いない。ともかく、私たちは「楕円のように見える円を見ている」と言うべきか、もしくはメルロ＝ポンティにならって「楕円であることなしに、楕円のまわりを揺れ動いている或る形態を眼にしている」[11]と言うべきか、いずれにしても、円は円として見られていると考えるべきであるだろう。白壁もまたしかり。むしろ、陰が映れば斑模様に見えてこそ白壁であると言うべきであるだろう。「見る」とは説明することではなく、まさしく「見る」ことであって、

(10) グセル『ロダンの言葉』より。『眼と精神』二九四〜二九五ページ
(11) 『意味と無意味』一七ページ

私たちは、この行為そのものの意味を全き表現にまでもたらさねばならない。メルロ＝ポンティはこう言っていたはずである。

> 私が地平線のかなたへと伸びている眼前の道を眺めるとき、道の両側は収斂していくものとして私にあたえられているのだとも、それらは平行なものとしてあたえられているのだとも言ってはならない。つまり、それらは*奥行のなかで*平行なのだ。遠近法的現われは定立されているわけではなく、平行関係もまた同様である。私はその潜在的変形を貫いて道そのものに立っているのであり、そして奥行とは、道の遠近法的投影をも〈真の〉道をも措定することのないこの指向のことなのである。[12]

私の立っている場所から二百歩のところにいる人間もまた、五歩のところにいる場合よりも小さいわけではなく、それは「遠くから見られた同じ人間」だと言うべきであるだろう。増大する距離は、増加する外在性ではなく、それは事物が次第に私たちのまなざしの手掛かりからすべり落ちていき、事物とまなざしとの結びつきが徐々に厳密さを失っていくことなのだ。したがって奥行きとは、彼方へと次第に曖昧になってゆく物と私とのこのひそやかな関係性のことなのであって、これまた輪郭線と同じく、物の側にではなく、私のパースペクティヴの側に所属していることになる。もっとも、このパースペクティヴが、いわゆる技法としての遠近法ではなく、むしろ『知覚の現象学』で見てきたような体験されるがままの多形的な遠近法であることは、明記しておかねばなるまい。そして、そうだとすれば、「見る」ことは、常に今見えている以上のものを見ることになり、また、知覚の更新性を反復することにもなり、さらに言えば、私たちは正面からの視覚に側面からの視覚を継ぎ足す必要もなく、すでにそれは予料されているということにもなるだろう。メルロ＝ポンティの知覚理論にゴンブリッチの『芸術と幻影』あたりを加味してみるならば、ピカソが女の顔を複数の側面から描いているのも、案外、知的キュビスムの綜合などではなく、もっぱら見たとおりに描いただけかもしれないのである。

自画像という転換装置

このように、「見る」とは、すでに決定的に輪郭づけられた世界を、私たちの個人的な視覚がたどり直すなどということではなく、私たちのパースペクティヴ性によって、初めて世界に輪郭線や

(12)『知覚の現象学』2　八五ページ

奥行きが生じることだと考えられねばならない。それはまるで、私たちのいる場所から光の輻が放たれ、時々刻々、世界を出現させているかのようである。画家が線を引く時、彼はもはや見えるものを模倣するのではなく、それを見えるようにしているのだとクレーは言っていた。だからこそ画家たちは、日々新たな世界の出現に目を見張り、それを定着しようとするのだろう。しかし、そうだとすれば、私たちは再び構成主観として、すべてに意味付与を行なう神のような存在になってしまうのではないか、と、いぶかる向きも出てこよう。

だが、心配は無用。思い出してもいただきたいが、パースペクティヴ性は、それが世界の一部に限定されていればこそ、パースペクティヴ性たり得るものである。通常の遠近法によって描かれた絵が、画家のいる位置やその限定されたまなざしを逆照射するように、見るものは、見られたものによって、常に世界内に位置づけられることとなる。つまり画家は、神のように世界の外に身を置いて構成作業を行なうのではなく、世界に取り込まれ、そこに生起するあのゲシュタルトを定着しようとしているだけなのだ。

こうした「見る」ことと「見られる」ことの表裏性を見事に表現しているのが、まさしく画家たちの描く「自画像」というものであるだろう。もちろん自画像の描かれる理由には、画家の自己顕示欲や、モデルを雇えない身の上など、あれこれ挙げることはできるにしても、なぜこれほど多くの画家たちが、繰り返し己れの肖像を描こうと試みるのか。そこには何か、もっと深い理由が隠されていてもよさそうだ。

自画像とは、描いている者がそのまま描かれる者になり、見るものが見られるものになるという不思議な転換装置である。この転換が当の描く者にどのような変化をもたらし、それが再び、描かれた者をどう変えていくのか。画家はこの循環にこそ幻惑されるのだとメルロ＝ポンティは考えた。(13)キャンヴァスに向かって絵筆を走らせる画家は、軽やかな自由の主体である。だが、そこに描き出される自分自身は、例えば、年老いて生気を失った、みすぼらしい肉塊に過ぎない。主体は突如として客体に転じ、精神は物質に変わる。内部から感じられていた自己は、外部から見られた自己となり、親密な私は疎外された私へと転落する。この外部から見られた自己は、また、他人から見られた私でもあるだろう。

とはいえ、私から見られた私と、他人から見られた私とは、同じなのか違うのか。あるいは、疎外された私と他人とはどこが異なっているのだろうか。いや、それよりもまず、他人から見られた私などというものが、一体どのようにして私には分かるのか。他人が見ることと私が見ることとの等価性は、どこで保証されているのか。そもそも他人は、私がこの目に映るがままに描こうとしている諸物体と、はたしてどこが違っているのだろうか…と、最初の転換を描こうとするだけでも、彼の思いは千々に乱れゆく。

(13) 『眼と精神』二六七〜二六八ページ

ラス・メニーナスの問題圏

この種の迷宮は、ミシェル・フーコーの指摘を待つまでもなく、あのベラスケスの大作『ラス・メニーナス』の内に集大成されている（図：次頁）。ベラスケスはまず、絵の中央にマルガリータ王女を配す。「女官たち」の呼称にもかかわらず、本来、この絵が王女の肖像画とされる所以であるだろう。さらに彼女を、侍女や道化が取り囲む。だが、その傍らに、彼はふと、絵筆を走らせる自分自身の姿を描き込んでもいるのである。製作中の画布は背面しか見えていない。描かれたベラスケスはそこに何を描こうとしているのか。奇妙なことに画家の目は、こちらを見ている。え、では、彼は、今この絵を鑑賞している私を書こうとでもいうのだろうか。まさか、そんなことがあろうはずはない。だとすれば、この画布に描かれた画家は、今私のいる場所で描いていた自分自身を、描く画家として、描き返そうとしているのだろうか。おもしろい着想ではある。が、しかし、正統な絵解きからすれば、彼が凝視めているのは、スペイン国王フェリペ四世と王妃のマリアーナ。それが証拠に、この二人の肖像は、画面中央の鏡の中に映し出されているのである。

つまるところベラスケスは、内部から描いたり外部から描かれたりしながら、「ここ」と「あそ

⊙———ベラスケス『ラス・メニーナス』

こ」とに遍在し、「見ること」と「見られること」とは常に転換を繰り返す。「ここ」にいるのは、私であるとともに、ベラスケスその人でもあり、フェリペ四世、王妃マリアーナ、その他、不特定多数のあらゆる鑑賞者にもなるだろう。視線は、本来「ここ」から「あそこ」に向けられているはずが、ふと気がつけば、「あそこ」から「ここ」にも向けられており、その「ここ」は、絵の外部に位置しながら、鏡の中に取り込まれて内部にもなっている。そして最後に、ここに描かれた全光景は、右手の窪んで見えないところにある高窓から射し込む光によって見えるようにされており、それはあたかも、王と王妃とが不可視の場所からあらゆるものの上に君臨しているさまを、そっくりそのまま象徴しているかのようなのだ。

いかがだろうか。見るものと見られるものとの相互転換、見えるものと見えないものとの相互転換、私と他者との相互転換、そして転換そのものを可能にする相互の表裏性、これら全ては自画像のヴァリアントであるとともに、畢竟、『ラス・メニーナス』の中心に鎮座する鏡の作用に象徴されるものとなるだろう。そう、反射＝反転＝反省（レフレクシオン）の不思議、実はそれこそが、この絵画の主題となっていたのである。画家は、製作中にこのレフレクシオン回路の中に取り込まれ、アンドレ・マルシャンのように、ふとつぶやいたに違いない。

森のなかで、私は幾度も私が森を見ているのではないと感じた。樹が私を見つめ、私に語りかけているように感じた日もある…。私は、と言えば、私はそこにいた、耳を傾けながら…。

画家は世界によって貫かれるべきなので、世界を貫こうなどと望むべきではないと思う…。私は内から浸され、すっぽり埋没されるのを待つのだ。おそらく私は、浮かび上ろうとして描くわけなのだろう。(14)

鏡は、かつて「幼児の対人関係」においては、幼児が癒合的社会性を乗り越え、自己の視像に「同一視」を行ないながら、「自我」から「超自我」へと移行する契機として捉えられていた。それが、ここ『眼と精神』では、さらに「見る自己」と「見られる自己」との表裏性、一般的な主客の表裏性、自他の表裏性を象徴するものとなっている。

結局、「幼児の対人関係」と『眼と精神』とは、「発達心理学」と「絵画論」という対象も観点も論述の位相もまるで異るものを扱っているように見えながら、その実、思いがけずも近くにあって、やがて二つながらに『見えるものと見えないもの』における新たな存在論の展開契機となっていくのである。日本語訳で両者が一書にまとめられているのは、実は、なかなか粋なはからいであったのかもしれないなあ。

(14)『眼と精神』二六六ページ　*cf.* G. Charbonnier, *Le Monologue du Peintre*, 1959, p. 172

『見えるものと見えないもの』

メルロ＝ポンティの死と遺稿のひき起こした波紋

『眼と精神』の雑誌掲載からわずか一年、一九六一年五月三日の夜、メルロ＝ポンティは五三歳であっけなくこの世を去ってしまう。その死は唐突にやってきた。彼のアパルトマンはパリの中心部、サン・ミシェル大通りの喧騒の只中にあったが、書斎は中庭に面し、静けさに包まれていた。この日、妻シュザンヌから離れて一仕事していた彼は、一〇時頃、ふと椅子から立ちあがろうとして、そのまま大机の上に倒れ込んでしまったのである。死因は冠状動脈血栓症。机上にはアダン＝タヌリ版デカルト全集の一冊が開かれたまま、その上に、びっしりと書き込まれた数枚の紙片が置かれ、傍には使いかけの万年筆が転がっていた。

メルロ＝ポンティの突然の死は、当時の思想界に大きな衝撃をもたらした。それは、サルトルに「際限なく疼く傷」[1]を残し、リクールを「当惑」[2]させ、アルキエに「何故か」[3]と問わせ、デュフレ

(1) サルトル『シチュアシオンⅣ』二三九〜二四〇ページ
(2) Paul Ricœur, *Hommage à Merleau-Ponty*, in *Esprit* 29 juin 1961, p. 1116

ンヌに「不公平だ[4]」と叫ばせ、イポリットから「参照すべき友[5]」を取り上げ、ルフォールを「置きざり[6]」にしたのである。ハイデガーもまた、フランスの友人ジャン・ボーフレに宛てて、こんな書簡をしたためていた。

私は、個人的にはメルロ＝ポンティに会ったことはありませんが、その語ったこと、意図していたことからして、彼の内には、思索とはいかなるものであり、その要求するものが何であるのか等々、そういうことを熟知している自由で率直な精神があるのを感じていました。〔…〕亡くなったばかりのこの友人は、真の思索の道筋を正確にたどってきており、小才の利いた輩たちが騒ごうが喚こうが届くところのないような境地にまで達していたのだと、そう自分自身に言いきかせることがわれわれの慰めとなりましょう。[7]

だが、メルロ＝ポンティの死の衝撃はこれだけにはとどまらなかった。三年後、弟子にして友人のクロード・ルフォールが「著者の仕事部屋に入りこみ、見捨てられた仕事机やノートや計画表や、いままさにその形を見いだそうとして沸騰していた思索の眼に見える痕跡をそこここにとどめている原稿の下書きなどを眼のあたりにするという悲しい特権を与えられた者[8]」の義務として、師の草稿を編纂し、『見えるものと見えないもの』と題して公刊するのだが、この遺作が、それまでのメルロ＝ポンティの読者たちを、さらにいっそう驚かせることになってしまったのである。

その書は、目を見張るような新奇な用語で溢れかえり、文体もまた、当時のアルジェ大学教授クレマンス・ラムヌーの言葉を借りれば、「詩的＝存在論的」な、ほとんど呪文と言っていいほどのスタイルをとっていた。たとえば、こんなふうに。

否定的なもの、無、これは二重化されたもの、身体の双葉、相互に連接された内と外なのである。――無はむしろ同一的なもののうちに生ずる差異なのである。転換可能性――裏返しになった手袋の指――ひとりの目撃者が表裏両方の側にまわって見る必要はない。(9)

あるいはまた、こんなふうに。

---

(3) Ferdinand Alquié, *Maurice Merleau-Ponty*, in *Cahiers du Sud* 48 sept.-nov. 1961, p. 155
(4) Mikel Dufrenne, *Maurice Merleau-Ponty*, in *Jalons*, Nijhoff, 1966, p. 208
(5) Jean Hyppolite, *Merleau-Ponty*, in *Association amicale des anciens élèves de l'école normale supérieure* 1962, p. 55
(6) 『見えるものと見えないもの』「あとがき」
(7) Jean Beaufret, *Maurice Merleau-Ponty*, in *France Observateur*, 11 mai 1961
(8) 『見えるものと見えないもの』四一四ページ
(9) 同書、三八八ページ

「自然は生まれたばかりだ」：自然は今日もまた生まれたばかりなのだ。(…)〈自然〉の精神分析をおこなうこと：〈自然〉こそ肉であり母なのである。[10]

グザヴィエ・ティ(リ)エットはそれを「メルロ＝ポンティが教育と研究とを厳密に区別していたという事実、彼が確実な成果を提示しようとし、自分のひそかな準備作業に他人を巻き込むのを好まなかったという事実[11]」から来るものと解しているが、いずれにもせよ、彼のもとで着々と進められていた準備作業が、公刊された著作より、はるかに先駆けていたことだけは確かである。

現在、私たちが手にしているこの遺作は、未完の本文と研究ノートとが相半ばしており、フランス語原書にして三六〇ページにものぼる大著となっているが、それでもメルロ＝ポンティ自身の執筆計画からすると、残された本文は、二部構成もしくは三部構成になるべき全体の、たかだか第一部第三章までの粗描に過ぎないものと思われる。したがって、その余のことは、すべて私たちの推測に委ねられているわけであり、現在のメルロ＝ポンティ研究者たちの関心は、こぞって、彼のこの最晩年の思想をどう解釈するかというところに注がれているといっても過言ではないだろう。ここはまさに研究者たちの腕の見せどころ。私たちもまた、この最終章において、『見えるものと見えないもの』に対するそれなりの解釈を提示しておかねばなるまい。

新奇な用語群とのつきあい方

ところで、私たちがこの書を読むにあたり、あらかじめ注意すべきは、そこにおびただしく登場してくる新奇な用語群に眩惑されないことである。それらは、「越境」「回転軸」「絡み合い」「巻きつき」「交叉配列」「炸裂」「蚕食」「蝶つがい」「転換可能性」「襞」「骨組」「裂開」「野生の存在」「生な存在」「ガアル」「肉」…等々、枚挙に暇はないのだが、まずもって私たちには、なぜメルロ＝ポンティがこれら新たな用語群を必要としたのか、よくよく理解しておく必要があるだろう。彼はこう言っていた。

> 概念、観念、精神、表象といった概念を、次元、分節、水準、蝶つがい、回転軸、布置といった概念によって置き換えること。(12)

(10) 同書、三九四～三九五ページ
(11) X・ティリエット『メルロ＝ポンティ』一一八ページ
(12) 『見えるものと見えないもの』三二四ページ

また、こうも言っていた。

こうしたことはすべて──それは私の最初の二つの著書を捉えなおし、掘り下げ、修正することになるのだが──全面的に存在論の視角からなされねばならない[13]。

『知覚の現象学』の諸成果──それらを存在論的解明にもたらす必要性：〔…〕この〔『知覚の現象学』における〕最初の記述のあとに残る諸問題。それらは私が「意識」の哲学を部分的に保持していたことによる[14]。

くどいほどに繰り返されるこの種の覚え書きからすると、どうやら彼は、この『見えるものと見えないもの』において、『行動の構造』と『知覚の現象学』との決定的な捉え直しをするつもりであったらしく、さらに、この捉え直しを、存在論的な視点から行なおうとしていたらしいことも分かってくる。そのためには、これまで用いてきた諸概念を新たなものに替えねばならない。とりわけ、主客関係を前提にした意識中心の哲学的表現には気をつけねばならない。すべての新奇な用語は、この必要性に由来しているわけである。だとすれば、一つ一つの語にも、いずれじっくり嚙みしめてみるべき意味の込められていることは確かだろうが、まだそれらが暗中模索の状態にあって、確固たる用語としては定着していない限り、とりあえずは、そうしたエスキス群全体の意図を考えてみるのが得策というもの。さしあたり、彼の強調する存在論的視角にちなんで、「存在」をめぐる一連の用語を取り出してみればどうなるか。そこには、ざっと、以下のような表現が並ぶことになるだろう。

存在 Etre, Sein, Seyn、野生の存在 être sauvage、生な存在 être brut、垂直の存在 être vertical、生な世界 monde brut、生世界 monde vécu、間世界 intermonde、感覚的世界 monde sensible、自然 nature、地平 horizon、肉 chair、母岩 gangue、生地 tissu、生まれ故郷 lieu natal、「ガアル」il y a、癒合態 syncrétisme、多形的母胎 matrice polymorphe…。

こうしてみると、以前の「生きられた世界」を中心とする彼の発想の中には、次第に「存在」「肉」「生地」といった語彙群の混じり込んできていることが分かるだろう。かつては「知覚する主体」や「意識」の前に展開する「現象野」もしくは「生世界」だったものが、徐々に「存在」そのものとして論じられるようになってきているのである。Sein や Seyn もまた、ハイデガー的存在論の雰囲気を濃厚に漂わせるものとなっている。

(13) 『見えるものと見えないもの』二三五ページ
(14) 同書、二五九ページ(二八五ページも参照)

肉の存在論

だが、それにしても、ここに登場してくる「肉」や「生地」といった語彙は、何と奇妙なものだろうか。存在論的な視点に立つためには用語の刷新が欠かせぬとはいえ、なぜそれが「肉」であり「生地」でなければならないのか。おそらくは、この素朴な疑問の内にこそ、メルロ＝ポンティ晩年の思想を解く鍵が隠されているのである。

「肉 chair」は、何よりもまず、人間や動物の肉、もしくは筋肉組織を表わし、明らかにこれまでメルロ＝ポンティ思想の中核を担ってきた「身体」との近しさを保っている。またそれは果肉をも表わすことによって、やがて取り上げるはずの「裂開 déhiscence」や「分枝 ramification」などの植物的比喩とも繋がる結果になるだろう。さらにこの語は、美術表現における裸体部分を示し、「輝くばかりの肌 chair éclatante」のような形で使われて、彼の絵画論への感性的な通路をも確保しているのである。おかげで「肉」は、欲望の充足を求める肉体としてもイメージされ、欲望そのものを指す言葉にもなり、ついには、宗教的な色彩をおびた肉欲さえ意味するようになってくる。したがって、これはまたこれで、「〈自然〉の精神分析」について語り「存在論的精神分析(15)」を唱えたメルロ＝ポンティには、おあつらえ向きの用語となるわけだ。こうした多元的な意味の拡がりを持たせながら、彼はあえて「存在」を「肉」と呼ぶのである。

「生地 tissu」についてもまた然り。これは邦訳では「織目」「織地」とも訳され、まずは「布地」のたぐいを喚起すると思われるが、同時にこの語は、人体組織や生物の組織一般をも意味しており、ひいては、社会組織や社会構造を指す言葉にさえなるのである。ここでもまた、「身体」とのアナロジーは生きており、それとともに「〜の連続」「〜の塊」を表わすイディオム「un tissu de...」が意識されていることも疑えない。まさしく「生地」が、「世界」や「存在」のヴァリアントとされる所以であるだろう。

では、こうした用語の検討を踏まえたうえで、私たちは「肉」や「生地」をどのようにイメージしていくべきなのか。それにはまず『知覚の現象学』に立ち返ることによって、身体が世界に住み着き、世界と表裏をなしていたこと、さらには身体図式が体の外部にまで延び拡がっていたことなど、つぶさに参照しておくことが必要だ。そうすればこそ、この身体が、まさしく肉となり生地となって世界に拡がっていると考えることも、[16]あるいは肉が世界そのものであると考えることも、もはやそれほど突飛な発想とは思われなくなるに違いない。

さて、世界は肉である。したがって、肉には、当然ながら森羅万象が含まれ、他者たちも含まれることになるだろう。けれども、そうだとすれば、肉の存在論は見事に意匠を変えた独我論もしく

---

(15)『見えるものと見えないもの』三九九ページ

(16) 同書、八三ページ

は主観主義に陥るはめになりはしないか、と危ぶまれる。だが、これまた心配は無用。ここでも、あの匿名の身体が「精神」や「人格」として存在する以前から世界と取り結んでいた関係を思い出せばいいのである。おのぞみとあれば、幼児たちの生きる癒合的社会性のレベルを考えてみてもいい。結局、「肉」にせよ「生地」にせよ、「私」ならぬ私や「他者」ならぬ他者を含み込みながら、いずれ自他未分化のレベルで、あたり一面に延び拡がっている世界そのものというイメージになるはずだ。

触わる手と触わられる手

では、この未分化の「肉」からどのようにして、いわゆる「私」や「世界」や「他者」の存在が可能になるのだろうか。幼児の癒合的社会性から自他が分化するには鏡像段階が一役かっていたわけだが、ここでの分化モデルは「触わる手と触わられる手」との関係に見出される。明らかに『イデーン』第二巻におけるフッサールの着眼が下敷きにされているのである。ことほどさように、メルロ＝ポンティは『シーニュ』に収められているフッサールを主題にした論文「哲学者とその影」(一九五九)の一節で、すでに、次のように語っていた。

そこにあるのは、私の身体の身体自身に対する関係であって、これが私の身体を私と物との絆たらしめているのである。たとえば私の右手が私の左手に触れるとき、私は左手を「物理的な物」として感ずるが、しかし同時に、私がその気になれば、まさしく、私の左手もまた私の右手を感じはじめる、es wird Leib, es empfindet〔それが身体になり、それが感じる〕という異様な出来事が起こるのだ。物理的な物が生気を帯びる——もっと正確に言えば、それは依然としてそれがあったとおりのものであって、その出来事によってそれが豊かにされるわけではないのだが、ある探査能力がそこに着地し、住みつきにくるのである。したがって、私は触わりつつある私に触わり、私の身体が「一種の反省」を遂行する。私の身体のうちに、また私の身体を介して存在するのは、単に触わるものの、それが触わっているものへの一方的な関係ではない。そこでは関係が逆転し、触わられている手が触わる手になるわけであり、私は次のように言わなければならなくなる。ここでは触覚が身体のうちに満ち拡がっており、身体は「感ずる物」「主体的客体」なのだ、と。(17)

(17)『シーニュ』2 一四〜一五ページ

こうした左右の手のモデルは、メルロ＝ポンティ研究者の間においても、通常、主客の可逆性＝反転可能性の観点のみから論じられることが多いのだが、ここでまず注目すべきは、私が私自身に触れるという何気ない行為の内に、ふと主客関係が生じてくるという事実である。すでにして言語的制約から、私は「私が私自身に触れる」という言い方をしてしまったが、身体一般の問題、もしくはその延長としての肉の問題からするならば、むしろそれは「身体が身体に触れる」あるいは「肉が肉に触れる」とのみ言うべき事であるだろう。私はまだ私ではなく、匿名の器官である右手が、同じく匿名の器官である左手に触れたり触れられたりするに過ぎないのであって、主客関係は、この「自他未分化のレベル」にある肉が肉に触れること、存在が存在に触れることによってこそ生じてくるのである。そうした肉の分化を的確に表わそうとして、メルロ＝ポンティは一連の用語を模索する。たとえば、差異 différence、差異化 différenciation、炸裂 éclatement、裂け目 fissure、爆発 explosion、分凝 ségrégation、分枝 ramification、分裂 fission、裂開 déhiscence、隔たり écart…等々。おそらく「炸裂」や「爆発」は、その突発性を強調し、「分枝」や「裂開」などの植物的比喩は、時満ちて成就するといったニュアンスを帯びているのに違いない。

この「触れるもの」と「触れられるもの」との分起には、「生地」が折りたたまれて重なり合うといった趣きがあり、もとは同じ一枚だったはずの生地が二重化されて、自らに触れ、自らを差異化し、それが相互に関わりを持ち、移行し合うことになるのである。これを表わす用語群も枚挙に暇はないだろう。折れ重なり repliement、襞 plis、覆い合い recouvrement、裏返し retourné、裏地

doublure、二重化 dédoublement、巻きつき enroulement、縺れ合い enchevêtrement、またぎ越し enjambement、越境 transgression、蚕食 empiétement、絡み合い entrelacs、交叉 chiasma、交叉配列 chiasme、交合 Kopulation、相互内属 Ineinander、継ぎ目 jointure、回転軸 pivot、蝶つがい charnière、転換可能性 réversibilité……。

主客の可逆性──触覚と視覚

したがって、主客が同じ一つの肉、同じ一枚の生地から派生してきたものであり、互いに反転し合いながら「一種の反省」をしてきたのであれば、もはや互いが互いの裏側であることは、知的推論を介さずとも容易に理解できることとなる。それは単に、握ってくる右手を左手が握り返すというだけのことではなく、右手の拳を左手の掌に押しつけるような場合、能動的に突出していたはずの右手が、ふと気づいてみれば、いつのまにか左手によって受動的に包み込まれているといった類いのことでもあり、さらには、触れる右手が、そのまま左手からネガティヴに触れられているといった類いのことでもあるわけだ。おかげで、先ほどのメルロ＝ポンティの言葉どおり、私たちは同時に「感ずる―物」となり「主体的―客体」となる。おのぞみとあれば、「私の身体は一挙に現象的身体であると同時に客観的身体でもある」[18]と言い換えてみてもいい。ここではもはや、『知覚の現象学』の頃のようには客観的身体が退けられることもなく、私はむしろその身体のおかげで「可感的なもの sensible」として物たちの間に位置し、世界へと開かれるのである。

私の右手が物に触れようとしている私の左手に触れ、そうすることによって「触れる主体」が触れられるものの地位に移り、物の間に降りてくることになり、その結果、触覚は世界のただなかで、いわば物のなかで起こるようになるのである。[19]

こうして、左右の手の関係は、そのまま私と物との関係にも拡張されてゆく。私は机に触れ、机も私に触れる。私は掌の凹みに、明らかに凸状の机の抵抗をおぼえ、机に触れられているように感じるのだ。もちろんここで論じられているのは、アナクロニックな物活論ではあり得ない。要は、私も机も、この世界に所属している限り、「触れるもの」と「触れられるもの」との可逆性を支える「触れうるもの tangible」を分有しており、これがすぐれて「肉」の原理を示しているということなのである。

だが、主客の可逆性は、物との触覚的な交わりにおいては成り立つとしても、いみじくもメルロ=ポンティ自身が「見るとは離れて持つことだ」[20]と表現していた視覚の領域になれば、事情は違ってくるのではあるまいか、と、そんな疑問がすぐさま発せられもするだろう。実際、彼は視覚を語ろうとして、しばしば触覚的アナロジーを用いるが、ほとんどの場合、それはまるで自明の理でもあるかのように語られ、アナロジー自体の正当性が明らかにされているとは言い難い。しかるべき根拠を見出すためには、私たちは、あの『知覚の現象学』の一節を参照しなければならないのである。

青色は、私に或るまなざし方を求めるところのものであり、私のまなざしの一定の運動によって触れてみることのできるものである。それは私の眼の能力、そして私の全身の能力に差し出される或る領野もしくは或る雰囲気なのである。(21)

この見解は、おそらくゴルトシュタインやヴェルナーが観察した患者たちからも支持されるものだろう。彼らは言う。赤は「引き裂き」、黄色は「刺すようだ」と。あるいは「私のからだのなかで上から下へすべりおちる感じです。だからそれは緑であるはずはなく、青にちがいありません」

(18) 『見えるものと見えないもの』一八九ページ
(19) 同書、一八五〜一八六ページ
(20) 『眼と精神』二六三ページ
(21) 『知覚の現象学』2 一三ページ

と。これらの証言は、ゆめゆめ患者の特殊ケースと見なされてはならない。それが証拠に、光の刺戟を識閾下の値から少しずつ強めていく実験をしてみると、私たちもまた、初めは或る種の身体的状態を経験するだけだが、やがて突然、その感覚が広がって視覚領域の中で捉えられるようになってくるのである。結局、視覚もまた、原初的なレベルにおいては色や形との身体的な接触なのだ。こうして、前章の末尾に引用しておいた「樹が私を見つめる」というアンドレ・マルシャンの可逆的な視覚経験も、晴れて市民権を得ることになるだろう。いわば、樹も私も、肉を介して、ともに「感性的なもの sensible」を分有しているのである。

他者認識をめぐる「触覚中心主義批判」の問題点——ズレる左右の手

こうしてメルロ＝ポンティは、この表裏性と可逆性とを、そのまま私と他者との関係にまで拡張しようとする。

もし私の左手が、触れられうるものを触診している最中の私の右手、つまり触れつつある右手に触れ、おのれの触知を右手に投げ返しうるとすれば、どうして私は、他人の手に触れなが

ら、その手のうちに、自分が手の中で触れていた物と合体するその同じ能力を触知しないわけがあろうか。(22)

握手もまた転換可能であって、私は触れていると同時に自分も触れられていることを感ずることができるのだ。確かに、われわれ各自の身体にとって手や目が器官であるように、われわれの身体がその器官になるといった大きな動物がいるわけではない。しかし、諸器官の連合作用が一つ一つの有機体の中で可能だとすれば、どうしてそれが違った有機体の間にも存在しないわけがあろうか。(23)

だが、ここにはまだ、彼の論理にかなりの飛躍があることは否めない。「どうして～しないわけがあろうか」をいかに多用したところで、せいぜいそれは、両手の反省性(レフレクシヴィテ)の彼方に他者の切迫を感じさせるだけ。他者を他者として認識することがどのようにして可能となるのか、その次第を理解させてはくれないだろう。おかげで、こうした物言いは「他者の他性を再自己固有化する恐れがある」(24)として、少なからぬ論者たちの反感を買うはめになってしまった。とりわけデリダなどは、

(22)『見えるものと見えないもの』一九五～一九六ページ
(23) 同書、一九七ページ

かつての「音声中心主義批判」や「ロゴス中心主義批判」よろしく、それを西洋思想に連綿と続く「触覚中心主義」の批判に仕立て上げ、ジャン＝リュック・ナンシー、ディディエ・フランク、ジャン＝ルイ・クレティアンらの考え方とともに十把一絡げにしてメルロ＝ポンティを糾弾する。そればかりか、そもそも「肉」や「身体」という概念自体の内に、キリスト教的もしくはカトリック的聖体拝領（コミュニオン）の臭いがするというのである。

もちろんデリダの言いぶんには、それなりに一理も二理もあるけれど、しかしこれが「哲学者とその影」や『見えるものと見えないもの』の草稿のみを下敷きに語られたものだとすれば、メルロ＝ポンティに対しては、いささか公正を欠くことになるだろう。すでに記したように、現在残されている『見えるものと見えないもの』の草稿本文は、二部構成もしくは三部構成になるべき全体の、たかだか第一部第三章までの粗描に過ぎない。いつものようにじっくりと「下から」始めようとするメルロ＝ポンティにとっては、まだまだ序の口であり、まずは知覚レヴェルにおける自他関係の含意を展開しようとしている——つまりは、肉の襞 plis の含意 implications を展開しようとしている——段階なのである。後には言語や理念の次元もひかえていたはず。いずれにしても、未完草稿の先取り的で舌足らずな部分をあげつらうのは酷というものであるだろう。

さらにもう一つ付け加えておくならば、メルロ＝ポンティの論じる左右の手は、コミュニオンのように予定調和的な同時対称的相互性に帰着するものではさらさらないのである。彼は言うだろう。「私の左手はつねに、物に触れつつある右手に触れそうになっているが、しかし私が合致に達することは決してない。合致はそれが生み出される瞬間に消えてしまう」[25]と。すんでのところで逸せられる合致というものが、そしてそこに生じる不一致やブレというものが、実は、ダイナミックな生の運動を推進し、差異と同一との戯れを惹き起こして、まさしく、彼の論じる「肉」の全活動を支えてもいるのである。

私の左手は右手に触れるが、この時、右手は、触れつつある右手ではないし、一転して触れ返す右手が触れるのもまた、触れつつある左手ではない。両者の一致は、たえず未来へと繰り越される。ましてや、握手する私と他者との関係ともなれば、共に同じ「肉」から生じているとはいえ、長期にわたり別様に営まれてきた互いの形成期によって隔てられており、今や、各々が「孤島」を成しているのも当然のこととなるだろう。両者の間には、メルロ゠ポンティの言う「沈殿」と「制度化」との長い歴史が横たわっているのである。

(24) ジャック・デリダ『触覚、ジャン゠リュック・ナンシーに触れる』松葉祥一・榊原達哉・加國尚志訳　青土社　三六四ページ

(25) 『見えるものと見えないもの』二〇五ページ

沈殿と制度化

「沈殿 sédimentation」と「制度化 institution」、一九五〇年代に入ると、メルロ゠ポンティの著作には、この二つの表現が頻出するようになってくる。すでに見ておいたように、この頃の彼は、政治的アンガージュマンに奔走するとともに、ソシュール言語学の研究にも入れあげていた。つまり、私たちを包み込んでいる政治゠社会制度や言語体系の問題に関心を向け、さらにこれら無意識下で働く制度や体系が、いかにして生じ、どのように機能しているのか、等々、やがて急速に注目を集めるようになる構造主義者たちの関心にも近いところで、彼は思いをめぐらせていたのである。

「沈殿」とは、行為や思索がそのまま過ぎ去ってしまうのではなく、やがて想起され、再活性化されるべく、まさしくそこに沈殿し、堆積していくことの謂である。某酒造メーカーのかつてのCM「時は流れない。それは積み重なる」といった趣きであるだろうか。そして、この沈殿・堆積がひとえに蓄積のイメージであるとすれば、「制度化」の方はむしろ、沈殿がさらに整備されたと言うか、堆積が一つの伝統や枠組になると言うか、それらが再活性化されるまでもなく、新たな思索や行為に対して顕在的に影響し続けているというイメージになるだろう。私たちのかつての行為や思索は、私たち自身の内に沈殿し、制度化して、今日の私たちを作り、私たちの行動を規制している…メルロ゠ポンティはこうした発想を、フッサール晩年の「沈殿 Sedimentierung」や「創設 Stiftung」の概念から得ているように思われるが、それらを換骨奪胎し、文化的伝統から社会システムの制度化に至るまで、広く論じられるような彼独自の概念装置に仕立て上げようとしていたのである。

とりわけ、「制度化 institution」の概念は、フッサールの「構成 Konstitution」概念に対立するものとして練り上げられていた。フッサールにおいて「構成」とは、超越論的意識が行なうものであり、さまざまな意識作用とその作用によって知り得る志向対象の統一性との相関関係を明らかにする操作である。当然ながら、それ自体、当の超越論的意識の捉え方によってはかなりの差が生じ、今日なお、フッサール研究においても問題含みの概念となっているわけだが、メルロ＝ポンティからしてみれば、話は簡単。「意識の前には、意識によって構成されたもの」しかなく、結局は「意識の哲学のもろもろの難点(26)」を招来するものと考えられていたらしい。したがってメルロ＝ポンティにおいては、主体は常に、構成的主体ではなく、過去をひきずった制度化的主体でなければならず、だとすれば、彼にとって次にひかえる問題は、この「沈殿」と「制度化」とのメカニズムを明らかにすることとなるだろう。

事実、彼はこの方向での研究を一書にまとめようとして『世界の散文』を準備していたのだが、どうやら『見えるものと見えないもの』に吐露されている存在論への急速な傾きと、用語刷新の緊

(26)『言語と自然』所収「個人の歴史および公共の歴史における〈制度化〉」四三ページ

急性とに促されて、これを途中で放棄してしまう。しかしながら、さまざまな覚書から見る限り、彼はこの研究をそっくりそのまま『見えるものと見えないもの』において「肉」の基礎理論の後に取り込もうとしていたふしもある。つまり、草稿本文に残された肉的可逆性の考察から「孤島」としての他者が成立するまでのプロセスに、この「沈殿」と「制度化」との理論を挿入しようと考えていたらしいのである。だとすれば、デリダが嗅ぎつけたと思い込んだコミュニオン的完結性など杞憂に過ぎず、むしろ肉の内的構造化とでもいうべき方向を模索していたメルロ＝ポンティの視角が、ここに新たな可能性を帯びて開けてくるに違いない。

肉、言語、真理——「コペルニクス説の転覆」「幾何学の起源」研究からの可能性

すでにして『知覚の現象学』の時代から、彼は「あらゆる表現操作のうちひとり言葉だけが、沈殿作用を起こして一つの間主観的な獲得物を構成することができる[27]」と語っていた。これはつまり、言語の緻密な論理性や記録性のおかげで、誰もが互いの経験や思索を詳細に伝え合って共有することができ、それによって私たちは、間主観的な世界さえも実現し得るのだということを意味している。確かに彼は、その後、絵画や音楽にも多少の沈殿作用を認めるようになり、抽象絵画は古典絵

画を経由しなければ、また、無調音楽も調性音楽を経由しなければあり得なかったと考えるようにはなるのだが、やはり「沈殿」や「制度化」は、すぐれて言語的なものと考えられているのである。したがって、実現していれば『見えるものと見えないもの』における肉の可逆性の記述の後には、まぎれもなく、言語についての考察が続いていたことだろう。メルロ＝ポンティ自身が残したあまたの計画表からもこのことは推測されるし、何よりも、次のような文章の端々からして、そうした意図は明らかだ。

知覚的意味から言語的意味への、行動から主題化作用への移行という問題が残る。[28]
私は知覚を弁別的、相関的、対立的システムとして記述する。[29]

この「肉」から「言語」へという方向性は、『見えるものと見えないもの』の当初のタイトル『真理の起源』が示しているように、さらに「真理」という理念性の確立へと延長されるものでもあったらしい。つまり肉は、言語による沈殿や制度化によって内的に組織され、癒合的社会性から

(27) 『知覚の現象学』I　三二一ページ
(28) 『見えるものと見えないもの』二四八ページ
(29) 同書、三〇八ページ

全き社会性に至るまでを重層的に存在させ、やがて高度な理念性をも実現することになる。メルロ＝ポンティは、「見えるもの」を「自然」、「見えないもの」を「ロゴス＝理念」と考え、この肉が昇華してゆくプロセスをつぶさに描き出すことによって、左右の手の初歩的知覚の反省性から他者存在の受容に至るまで、すべてを説明し得る哲学を打ち立てようと計画していたのである。

　この時、彼のそうした計画には、裏で一役買っているものがあった。他でもない、彼がすでに一九三九年の若き日に出会っていた、あのフッサールのいささか奇妙な二つの小論「通常の世界観によって解釈されているコペルニクス説の転覆――原＝方舟としての大地は動かない」と「志向史的問題としての幾何学の起源に関する問い」である。

　いずれもフッサール最晩年の『ヨーロッパ諸学の危機と超越論的現象学』をめぐる付論と目されるものだが、「コペルニクス説の転覆」は、「大地 Erde」にメルロ＝ポンティの「知覚」や「肉」が持つような原基的な役割を持たせ、それを哲学の確固たる出発点に据えようとする試みであり、「幾何学の起源」は、個別的な数学者の意識内に生じたアイデアがいかにして理念的客観性を獲得していくのか、そのプロセスを解明しようとする試みであった。メルロ＝ポンティは、先達のこうした努力を二つながらに繋ぎ合わせ、みずからの肉の内的組織化を捉えるモデルにしようと考えていたらしいのである。それが証拠に、彼は一九五九年から六〇年にかけてコレージュ・ド・フランスで行なった月曜講義「現象学の極限にあるフッサール」において、上記二論文を詳細に論じながら、フッサールによっては未だ「考えられていなかったもの（アンパンセ）」を包囲しようとしているのだ。

一方で彼は、フッサールの立論に忠実に従いながら、幾何学的形成体が言語の理念性のおかげでガリレオならガリレオという発案者の意識空間から離れ、それがさらに文書化されることによって幾世代にもわたる反復が可能となり、ついには言表によって主題化されたものがそのまま学問的理念対象になる、という三段階のプロセスをたどる。だが他方では、「文書（エクリ）は言葉（パロール）の変異体だが、その文書の方が、経験的言葉が有することのない累積の可能性をもたらすという意味において、言葉は文書の変異体である」[30]というデリダもどきの表現をしてみたり、「真理の起源にあるのは、この沈殿なのだ」[31]という穿った物言いをしてみたり、周到にフッサールのアンパンセを浮かび上がらせていくのである。こうして講義は、次の言葉で締めくくられる。

> 最初のものである〈大地〉、それは（定義からして均質化された）物理的大地ではなく、［前―休止状態にある］〈存在〉―根株であり、最初のものである精神もまた、意味付与を行なう絶対的〈自我〉ではなく思考可能性 Denkmöglichkeit なのであって、〈大地〉と精神とは、相互内属しており、錯綜しているのである。[32]

---

(30) 『フッサール「幾何学の起源」講義』一〇一ページ
(31) 同書、一〇三、三四二ページ
(32) 同書、一二〇ページ

いかがだろうか。実現していれば、やがてこの講義は『見えるものと見えないもの』に残された余白を埋めるものとなっただろうし、それはまた、若きメルロ＝ポンティの知覚の開けを、晩年の肉の組織化へと繋ぐ堅固な懸橋ともなっていたはずである。ただし、その時の肉の組織化のイメージは、フッサール的大地の理念的高まりのようなものではなく、むしろ肉の内部が受精卵の卵割にも似て次第に細かく構造化され、ついにはそれが、言語と同じく一種のネガティヴな体系を構成するようなものとして考えられていたのではなかったか。もちろん、これまた、彼の「胎児発生の渦動」[33]や「胚」への言及を通じて、私たちが包囲すべきメルロ＝ポンティのアンパンセであるに違いない。

(33)『見えるものと見えないもの』三三九、二〇四ページ

あとがき――母と海とのはざまに

本文で語り洩らしたこと、いやむしろ、本文では語り得なかったことが、まだ二つほど残っている。一つは、メルロ＝ポンティと母との関係。もう一つは、彼の流動性嗜好についてである。これらはいずれも、実証的に語るべきものでもなければ、彼の個別的な著作の枠内で語り得るものでもない。つまり、今回の拙著にはふさわしくない事柄であったということになるだろうか。これら書き残した事柄については、またいつの日にか、J＝P・リシャールがフロベール論で見せたようなテマティックの手法でも使い、じっくり論じてみたいものだが、さしあたりこの場を借りて、一言つけ加えておくことにしよう。

メルロ＝ポンティにおける「母」の存在には、無視し得ないものがある。忘れもしないが、一九八〇年の春、ペール・ラシェーズ墓地で、私が初めて彼の墓をつきとめたところ（現在、彼の墓は、この墓地の公式地図にまで載っている）、なんと彼は、母と二人だけで墓石の下に眠っていたのである。とっさに私の頭の中を、あのサルトルの感動的な追悼文の一節がよぎった。

一九五三年に、メルローは母親を失ったのである。彼は彼女に自分の生命みたいに愛着していた。〔…〕彼女がいなければ、過去は砂の中に呑みこまれてしまっただろう。彼女によって、過去は手のとどかぬところに、しかし生き生きと、保たれた。〔…〕だが、母親が死んだとき、風があらゆる扉をぱたんと閉ざし、その扉はもはや二度と開くこともないだろうことを、彼は知った。[1]

サルトルはまた別の場所でも、「まず彼を包み込んだ〈自然〉とは、〈母なる女神〉、彼の母であった[2]」と書いているが、私たちは、これを裏書きするような表現を、そっくりそのまま『見えるものと見えないもの』の一節に見出せるのではないだろうか。「〈自然〉こそ肉であり母なのである[3]」といったぐあいに…。もちろん、サルトルの分析には幼児期の役割を過大評価し過ぎるきらいがあるし、哲学者の個人的な心性を、あまり安易に思想内容と結びつけるのもいかがなものかと思われるが、それでもなおメルロ＝ポンティの場合、母の存在は一考に値する。

デリダの指摘していた、メルロ＝ポンティにおける「他者の我有化の危険性」や「コミュニオン的融和の危険性」などの淵源にも、カトリック臭というよりは、むしろ母親臭の方を嗅ぎつけるべきではなかったか。あるいはまた、彼が母親とともに実行していた宗教儀式への愛着を見るべきではなかったか。ともかく母は、メルロ＝ポンティにとって、世界との融和関係の象徴であったように思われる。彼は母を抱擁するようにして世界を抱擁するのである。

身体は世界の前に真直ぐに立っており、世界は私の身体の前に真直ぐに立っていて、両者のあいだにあるのは抱擁の関係である。[4]

これはそのまま自然との親和性として、「見えるものとわれわれとの間には、海と海岸との関係にも似た緊密な親交がある」[5]といった表現にも繋がってくる。この波打ち際の描写には、おそらく幼少期の思い出も重なり、彼の目には、ジロンド河口あたりの海岸風景が彷彿しているのかもしれない。時にそれは、あの『知覚の現象学』の「私が渚づたいに或る難破船の方へ歩いて行って…」という風景でもあるだろうし、『見えるものと見えないもの』における「私は砂丘の上に、海に洗われた一本の木を見ていると思っていたが、それは粘土質の岩であった」[6]という風景でもあるだろう。

(1) サルトル『シチュアシオン』Ⅳ　二一九〜二二〇ページ
(2) 同書、一六五ページ
(3)『見えるものと見えないもの』三九五ページ
(4) 同書、四〇一ページ
(5) 同書、一八二ページ
(6) 同書、六二ページ

そこでは、おそらく「母 la mère（ラ・メール）」と「海 la mer（ラ・メール）」との音の連想もあいまって、前者から後者への移行は、無意識裡の象徴変容を通じ、まさしく水の流れのようにゆるやかに為し遂げられるのである。もとよりメルロ＝ポンティ自身、海を古代の哲学者たちが使う意味での「エレメント」として捉えていたふしもある(7)。

やがて、当然のことながら、海はさらに変容して、水の種々相を体現することにもなるだろう。ここに、メルロ＝ポンティのテマティックとして取り上げるべき流動性嗜好の一連の表現がやってくる。ancrer, baigner, canal, circuit, contre-courant, couler, courant, cours, eau, écouler, flottant, fluent, flux, îlot, inépuisable, insularité, jaillissement, lac, marée, natation, océan, onde, plage, refluer, reflux, remous, rivière, ruissellement, sédiment, sédimentation, sédimenter, sève, sillage, solution, source, torrent, tourbillon, vague...。この点についても、再度、サルトルの証言を引いておこう。

> 彼〔メルロ＝ポンティ〕は好んで自分を一つの波にたとえたものだった。あまたの波頭のはざまにある一つの波頭に。そして、大海原は裾を泡だてて立ちあがっているのである(8)。

これらをもとに、私たちはメルロ＝ポンティについて、ヘラクレイトスの系譜を云々することもできるだろうし、バシュラール流の物質的想像力の精神分析を施すこともできるだろう。だが、こうした作業はまた別の機会に譲るとして、今は、思想的な含蓄を持つただ一点にのみ注目しておこう。それは、水が常に流動してやまないこと。水のアイデンティティとは、それが自らの差異化を片時も止めないこと。要は、水が、自分自身から逃れることによってこそ自分自身であり続けるということであり、それが結局は、私たちの表現や私たちの哲学、そして私たち自身の全き象徴になっているということである。メルロ＝ポンティは言っていた。

〔表現とは〕波のように、寄せてきて自分を捉えるかとみれば、やがてまた自分自身を超えた彼方へと自分を投げ出してゆく、そうした作用なのである。(9)

真の哲学＝自己を離れることが自己へ立ちもどることであり、またその逆でもあるように仕向けているものを捉えること。この交叉、この逆転を捉えること。これが精神なのである。(10)

私たちはすぐさま、この後者の一文に付け加えておこう。これが肉でもあるのだ、と。いかがだ

(7)『見えるものと見えないもの』四〇五ページ
(8) サルトル『シチュアシオン』Ⅳ 一六六ページ
(9)『知覚の現象学』Ⅰ 三三二ページ
(10) 同書、二八四ページ

ろうか。メルロ＝ポンティの中では、「知覚」「肉」「精神」「理念性」そして「哲学」といった一連の事柄が、「母」や「海」や「水」のエレメントを介しながら、次第に肉の内的組織化の中で結びつこうとしていたのである。もっとも、左右の手の相互性が常に既に裏切られてしまったように、全き結びつきが成就されることはあり得ず、たとえ早すぎた死が彼を襲わなかったとしても、やはり彼は、いつまでも自らを追いかけて走り続けていたに違いない。あのロシュフォールの海岸を自由に駈けまわっていた幼かった日々のように。

自らを追いかけて走り続ける
小川よ
かくてまた自らをのがれ続けて…

（サン＝タマン「嘆き」堀口大學訳）

＊　＊　＊

本書を書き上げるまでに三年の月日が流れた。と言えば聞こえはいいが、実は、最初の一年ほどは、本当に執筆の依頼を受けたのかどうか、私には半信半疑のまま時が過ぎていた。それというのも、編集者の須山岳彦氏は、実に飄々としていて、「書けたら書いていただければよろしいので…」などという物言いをされていたからだ。さらにまた、これが真面目な依頼であるということが分かってからも、私は慌てた。今度は私の筆が（いやパソコンが）ちっとも進まないのである。なぜなのか。

いやしくもわが専門のメルロ＝ポンティについて書こうとすれば、そんじょそこらにあるメルロ＝ポンティ論（失礼！）などと並ぶようなものではいけない。それに、私は昔、わが処女作（いや童貞作？）として『メルロ＝ポンティと言語』（世界書院）を出している。そこからの進歩がなければ、みっともない話ではないか。よし、ここにはこんな新しい発見を盛り込んで、そこはこうしてちょいとカッコつけて…と考え始めたらもう大変。書いてみてはあれこれ考え、テニヲハが気にかかり、話題の盛り込み過ぎに頭を悩ませ、気がついてみたら、エスカルゴの歩みのようにしてもう一年が過ぎていた。

すったもんだのあげく、ついに、それらすべてがどうでもよくなり自然体に戻れたところで、余すところ一年となってしまったわけである。おかげで白水社の皆さんにはご迷惑をかけてしまった。とりわけ須山さんには、申し訳ない思いでいっぱいである。彼は頭髪を目の覚めるような金色に染め上げて、荻窪・吉祥寺あたりの酒場を颯爽とハシゴしているのだが、おかげで私はパリに逃げても、金髪の人物を見るだけで彼のことを思い出し、悔恨に胸ふたがれるのだった。なんだか、『星の王子さま』のキツネを思い出すみたいだなあ…。

というわけで出来たのが本書である。かなり頑張ったつもりだが、どうだろう。私もまた、私を庇護してくれる「母なる女神」を失ってから久しい。読者諸兄姉よ、願わくは浮世で世評に一喜一憂する哀れなる執筆者の姿を思い浮かべ、格別のお引き立てをお願いしたい。
また本年、メルロ＝ポンティ生誕一〇〇年を記念して、わが国で盛大なる国際学会を開くため尽力された日本メルロ＝ポンティ・サークルの仲間たちに、心よりの感謝と共感とをお伝えしたい。

＊　＊　＊

それにしても、メルロ＝ポンティがあの三好達治の「郷愁」という詩を知っていたら、どうであっただろうか。

海よ、僕らの使う文字では、お前の中に母がいる。
そして母よ、仏蘭西人の言葉では、あなたの中に海がある。

この本が書店の片隅に並べられる日に、私はそっと「アントル・ドゥ・メール Entre deux mers (mères)」（つまり、「海と母との間」）のワインの栓を抜き、妻とともに卓上にフリージアの花を飾ろうと思う。かつてメルロ＝ポンティの命日に、彼の墓石の上に飾られていた花である。

二〇〇八年一二月一五日　　加賀野井　秀一

著者略歴
一九五〇年、高知市生まれ。
中央大学文学部仏文科卒業。
同大学大学院博士前期課程修了後、
パリ大学（第八）大学院に学ぶ。
現在、中央大学名誉教授。

主要著書
『猟奇博物館へようこそ』（白水社）
『メルロ＝ポンティと言語』（世界書院）
『20世紀言語学入門』『日本語の復権』『ソシュール』（講談社）
『日本語は進化する』（NHK出版）
『日本語を叱る』（筑摩書房）など

主要訳書
メルロ＝ポンティ『知覚の本性』
メルロ＝ポンティ『フッサール『幾何学の起源』講義』（以上、法政大学出版局）など
監訳・監修
『メルロ＝ポンティ哲学者事典　第一〜三巻・別巻』（白水社）

本書は二〇〇九年に「哲学の現代を読む8」として小社より刊行された。

メルロ＝ポンティ　触発する思想《新装復刊》

二〇二二年五月五日　印刷
二〇二二年五月二五日　発行

著者 © 加賀野井（かがのい）秀一（しゅういち）
装幀者　仁木順平
発行者　及川直志
印刷所　株式会社三陽社
発行所　株式会社白水社

東京都千代田区神田小川町三の二四
電話　営業部〇三（三二九一）七八一一
　　　編集部〇三（三二九一）七八二一
振替　〇〇一九〇-五-三三二二八
郵便番号　一〇一-〇〇五二
www.hakusuisha.co.jp

乱丁・落丁本は、送料小社負担にてお取り替えいたします。

株式会社 松岳社

ISBN978-4-560-09438-9
Printed in Japan

メルロ＝ポンティ哲学者事典　全3巻・別巻1

モーリス・メルロ＝ポンティ　編著
加賀野井秀一、伊藤泰雄、本郷均、加國尚志　監訳